아내
몰래
비상금 3억
모으기

아름다운 은퇴를 위한

아내 몰래 비상금 3억 모으기

문석근 지음

P:AZIT

인생을 설렘으로 바꿔 준 나만의 보물지도

이른 아침, 소나무가 빼곡히 들어서 있는 산속의 맑은 공기를 마시며 산책을 겸한 아침운동을 한다. 비가 오거나 특별한 일정이 있는 날을 빼고는 직장생활을 하던 때와 다름없이 집 근처 야트막한 산을 오른다. 일상이 되어 이제는 자연스럽다. 오히려 다른 일정으로 아침운동을 못하는 날이 이상하다는 표현이 옳을지도 모른다. 운동을 마치고 집으로 돌아와 사람들이 흔히 말하는 아메리칸 스타일—나에게는 가장 편한 아침식사—로 제철과일 몇 조각, 알맞게 삶아진 계란 1개 그리고 우유 한 잔으로 아침 요기를 한다. 이것이 최근 나의 하루 루틴이다.

30년 가까이 다니던 직장을 그만뒀다. 정확하게 말하면 명예퇴직이었다. '정년퇴직'이 사라진 자리에 자연스럽게 생겨난 '명예퇴직'을 선택한 것이다. 정년까지는 시간이 남았지만 그 기간까지 일정한 보상을 해 줌으로써 일자리를 잃게 만드는 것이 바로 명예퇴직이다. 그렇게 나는 흔히 말하는 실업자 대열에 들어서게 됐다. 하지만 운 좋게도 오랜 직장생활의 경험을 필요로 하는 대학에서 2년간 후배 양성에 매진할 수 있었다. 직장인이 될 학생들에게 재테크를 포함한 인생 경험을 나눠줄 수 있어 행복한 시간이었다. 지금은 그마저도 계약기간이 끝나 완벽한 실업자 대열에 들어섰다.

실업자들은 두렵다는 표현을 많이 한다. 아침에 눈을 뜨면 갈 곳이 따로 있는 것도 아니고 월급날이 돌아와도 통장으로 월급이 들어오지 않는다. 앞으로 무엇을 하며 살아가야 할지 막막하기만 하고 가족들의 시선이 불편하게 다가온다. 열심히 일했으니까 조금 쉬라는 위로조차도 불편하다. 주변 사람들과의 만남에서도 이 불편함은 사라지지 않는다. 충분히 일할 나이인데도 왜 출근하지 않는지 궁금해하는 주변의 시선이 당황스럽다. 그 의문들에 대한 변명거리를 찾아야 하는 것도 은근히 스트레스다. 은퇴하면 편안한 노후가 기다리고 있을 줄 알았지만 생각지도 못한 여러 불편함과 마주해야 한다. 그것이 현실이다. 이런 불편함을 없애려면 정신적/경제적 여유로움을 가질 필요가 있다.

명퇴를 하고 보름이 지났을 때쯤 다니던 회사에서 퇴직금이 입금된다는 문자를 받았다. 퇴직금은 회사를 위해 30년 가까운 시간을 봉사해 준 대가로 회사에서 목돈을 주는 것이다. 분명 기뻐해야 될 상황이었다. 하지만 그 문자가 마냥 기분 좋게 느껴지지는 않았다. 30년 가까이 봉사해 준 직장에서 쫓겨나는 것만 같았기 때문이다.

아내와 은행으로 갔다. 퇴직금이 입금된 통장에서 한 푼도 남기지 않고 고스란히 출금했다. 그리고 그 돈을 아내의 이름으로 개설되어 있는 통장에 몽땅 입금시켜 주었다. 퇴직하기 전부터 아내는 "직장생활 내내 내가 봉사해 준 부분도 퇴직금에 포함되어 있다. 그러니 퇴직금의 반을 달라"는 말을 입버릇처럼 하곤 했다. 그러나 내가 퇴직금 전액을 주자 아내는 할 말을 잃고 당황했다. 퇴직금의 반이 아니라 전액을 주리라고는 상상을 하지 못했던 것 같다. 아내를 위해 그렇게 할 수 있었던 궁금하고도 놀라운 이야기를 이 책에서 풀어 나가고자 한다.

【만약 퇴직한 당신에게 아내가 모르는 3억 원 이상의 비상금이 있다면?】

물론 3억 원 이상의 현금성 자산을 가지고 여유로운 생활을 하는 사람들도 일부 있을 것이다. 하지만 대부분은 그 정도의 자금이 없거나 있더라도 부부 공동의 자산일 거라 생각된다. 이 책에서는 부부 공동의 자금이 아닌, 오로지 나만의 자금을 마련하기 위한 재테크에 대해서 이야기하고자 한다. '아내 몰래 비상금 3억 모으기' 프로젝트는 직장생활 중 틈틈이 마련한 비상금으로 목표액인 3억 원을 모은 필자의 재테크 전략이다. 필자는 이 프로젝트를 통해 퇴직하기 전에 이미 목표를 달성해 비교적 여유로운 마음으로 퇴직할 수 있었다. 그러나 여기서 그치지 않고 시간이 흐를수록 금액이 증가할 수 있도록 자본이 일을 하는 시스템으로 만들었다. 그 결과, 처음 목표는 3억이었지만 현재는 3억+α의 성과를 올리고 있다.

실업자인데도 신난다. 일을 하지 않고 놀고 있지만 할 일이 쌓여 있는 것처럼 즐겁다. 회사 업무에 파묻혀 못했던 골프도 종종 나간다. 퇴직 후에는 1주일에 한 번씩 강연하기가 목표였는데 그보다 많은 요청도 들어온다. 이제는 1인

기업(농업인행복연구소)의 대표로서 적당한 일과 휴식을 즐기며 나름 만족스러운 실업자 생활을 이어가고 있다. 나는 이 모든 것이 직장 생활을 하면서 오랜 시간 준비했던 '아내 몰래 비상금 3억 모으기' 프로젝트의 성공 덕분이라고 생각한다.

이 프로젝트의 시작은 2004년 가을로 거슬러 올라간다. 그 해도 다른 해와 다름없이 다람쥐 쳇바퀴 돌 듯 똑같은 일상을 보내고 있었다. 그러던 중 이미지 트레이닝의 대가인 모치즈키 도시타카의 『당신의 소중한 꿈을 이루는 보물지도』[1]를 우연히 접하게 되었다. 이 우연한 만남은 나를 설레게 만들었다. 이 한 권의 책이 내 삶을 바꿔 줬다고 해도 과언이 아닐 것이다. 나는 책에서 손을 떼지 못하고 200여 페이지를 단숨에 읽어 내려갔다. 읽는 내내 가슴이 터질 것 같은 '설렘'의 연속이었다.

책을 완독하자마자 책이 알려준 대로 꿈의 목록을 적어 내려가기 시작했다. 이루고 싶은 꿈이 많았다. 이런저런 꿈들이 머리에 떠오르기 시작했지만 꿈이 너무 많으면 쉽게 포기할 것 같아 10개 정도를 추렸다. 그리고 그 꿈들을 하나씩 구체화(2장 운명처럼 만나 가슴 뛰게 만든 보물지도 참조)시켜 나

1 모치즈키 도시타카 『당신의 소중한 꿈을 이루는 보물지도』 (나라원, 2004년)

갔다.

지금 생각해 보면 황당하기 그지없는, 휴지조각처럼 마음에서 사라져 버렸을지도 모를 꿈들을 사진이나 그림으로 형상화하고 지도MAP형식으로 만들었다. 10개의 꿈 가운데 '아내 몰래 비상금 3억 모으기'는 보물지도 중앙에 배치시켰다. 당시에는 깨닫지 못했지만 지금 생각해 보니 아마도 그 꿈이 가장 간절했기 때문이리라.

그리고 나는 이 꿈의 지도를 서재 한가운데 게시판에 붙여 두고 자주 볼 수 있게 했다. 서재에서 보내는 시간이 많으니까 자연스레 보물지도를 자주 보게 되었다. 그리고 강의를 다닐 때는 따로 PPT 자료를 만들어 교안으로 사용하기도 했다. 강의마다 마법처럼 꿈을 이루고 싶다고 자연스레 표현할 수 있었다. 아마도 이것이 스스로를 세뇌시켰을 것이다. 삶을 설렘의 연속으로 만들어 준 『당신의 소중한 꿈을 이루는 보물지도』의 작가 도시타카 역시 자주 꿈을 상기시키고 이를 이루겠다는 일종의 세뇌 작용을 통하면 반드시 꿈을 이룰 수 있음을 말하고자 했는지도 모르겠다.

시간이 지나면서 보물지도의 꿈들은 마음 한구석에 의무감으로 자리잡았다. 그리고 실천하고 있는 스스로를 보며 언젠가는 꿈이 이루어질 것 같다는 자신감이 생기기 시작했다.

이 책은 시중에 나와 있는 일반 재테크 관련 서적과는 조금 다르다. 일반 재테크는 가족이나 부부가 합의를 하거나 의논을 거쳐 공동으로 매월 수입의 일부를 적립하거나 투자를 해서 자산을 늘려나가는 식이다. 그러나 '아내 몰래 비상금 3억 모으기'는 말 그대로 아내뿐만 아니라 누구에게도 비밀로 한 채 오로지 자신의 판단에 의해 은퇴에 필요한 자금을 준비하기 위한 재테크인 것이다. 아내 몰래 벌어들인 비상금으로 나만의 노후자금을 준비하는 것이기에 그만큼 의미가 크다고 생각된다.

이 책은 총 5개의 장으로 구성되어 있다. 1장에서는 은퇴 후의 모습을 그려보며 막연하게만 느껴지는 은퇴를 보다 현실적으로 바라볼 수 있게 했고, 2장에서는 은퇴 후의 막막함을 벗어나기 위한 필자의 노력을 구체적으로 살펴본다. 3장에서는 깍두기 교수가 '꿈의 지도'를 만드는 과정을 그리고 있다. 이 장을 참고해 독자 역시 자신만의 꿈의 지도를 만들수 있길 바란다. 4장에서는 맞춤형 포트폴리오 구성을 구체적으로 제시하였고, 5장과 6장에서는 아내 몰래 비상금 3억 만들기의 핵심 내용인 주식 투자의 기본 원칙과 필자만의 주식 투자 원칙을 담았다.

은퇴에 대한 준비가 필요한, 그래서 누구보다 은퇴에 대한 준비를 부탁하고 싶은 30대의 결혼초년생, 지금 이 시간에도 앞만 바라보며 회사에 헌신하고 있을 4~50대 직장인, 뒤를 이어 퇴직을 준비하고 있을 모든 예비 퇴직자들, 재테크에 방향을 잃고 고민하는 주식 초보자를 포함한 일반 투자자들에게 이 책이 작은 희망이 되기를 진심으로 바라는 마음이다.

【아내 몰래 비상금 3억 모으기】는
은퇴에 대한 불안에서 벗어나
여유롭게 은퇴를 맞이하기 위한 '설렘'에서 출발한 결과물이다.
-어떤 일이든 설렘이 없다면 도중에 동력을 잃기 쉽다-

목차

'꿈의 지도DREAM MAP'를 그려라

Step2

맞춤형 재테크 포트폴리오를 가져라

Step3

주식 투자의 기본 원칙을 지켜라

Step4

깍두기 교수의 주식 투자 원칙

에필로그

Step1

은퇴 후의 모습을 그려보라

은퇴는
먼 미래의 일일까?

| 막연하기만 한 '은퇴'

직장에서 마지막 직급으로 승진된 것은 은퇴를 4년 남겨 둔 때였다. 4년이란 시간은 꽤 길게 느껴졌다. 회사뿐만 아니라 스스로를 위해서도 도움될 만한 일을 할 수 있는 충분한 시간이었다. 은퇴를 하기 전까지 남은 시간을 효율적으로 보내고자 하나의 아이디어를 떠올렸다. 남은 날짜는 총 4년 1,460일. 매일 하루씩 숫자를 차감하면서 일상을 기록해 나갔다. D-1,460일, D-1,459일… '아직 4년이나 남았어.'라며 긍정적으로 생각하고 있었다.

그러나 시간은 빛의 속도보다 빠르게 지나가며, 4년이란 시간이 결코 길지 않다는 사실을 깨닫게 됐다. 점점 날짜가 줄어들더니 어느덧 2년이라는 시간이 흐르고 말았다. 드디어 직장생활의 마지막 발령지로 가게 됐다. 마지막이라는 생각과 함께 은퇴에 대한 불안과 미래에 대한 불확실성으로 점점 초조해지기 시작했다. 누구든 30년 가까이 다니던 직장을 그만두고 하루아침에 실업자가 된다는 사실을 맞닥뜨리면 막막할 수밖에 없을 것이다.

이때까지만 해도 은퇴 이후의 삶을 준비해야 한다는 생각을 전혀 하지 못했다. 아무런 준비도 없이 주어진 업무에만 집중하며 오로지 조직을 위해—그때까지만 해도 '조직이 은퇴 후에도 날 지켜주겠지?'라는 생각을 했기 때문에—최선을 다했다.

D-730일, 아직도 남은 시간이 충분하다는 생각이 들었다. 마지막 발령지인 수도권으로 올라오니 전에 같이 일했던 은퇴한 선배들이 자연스레 찾아오기 시작했다. 어떤 선배를 만나든 첫마디는 한결 같았다. "이제 얼마 남았냐?"였다. "2년 남았습니다."라고 답하면 하나같이 "금방 간다."라는 답이 돌아왔다. "후회하지 말고 슬슬 준비해."라는 말도 이어졌다.

그날도 아침부터 K선배로부터 전화가 왔다. 사부님으로 모셨던, 후배들로부터 존경을 받았던 분이라 한번 모시고 싶었는데 마침 연락이 와서 점심 식사를 하게 됐다.

차분히 식사를 하면서 여러 이야기를 해 주셨다. 핵심은 "반드시 은퇴 준비를 하고 나와야 된다.", "현역에 있을 때나 대접받지, 은퇴하면 혼자다", "퇴직금 믿고 나오면 큰일 난다." 등 뻔한 이야기였지만 그냥 넘길 수가 없었다. 퇴직금으로 조그만 음식점을 개업했는데 여의치 않아 문을 닫아야 할 것 같다며 한숨 쉬는 선배의 모습이 예사롭지 않았기 때문이다. 선배는 마지막으로 내 손을 잡으며 "은퇴하고 나처럼 안 되려면 잘하는 일 착실히 준비해서 은퇴해. 지금 하는 강의 잘 준비하면 은퇴 후에 용돈벌이로는 괜찮을 거야."라고 진심 어린 조언을 해 주셨다. 나중에야 알게 된 사실이지만, 개업한 식당이 잘 안 되면서 퇴직금을 다 날리고 길바닥에 나앉을 형편이었다고 한다.

선배와 헤어진 뒤 한참동안 여운이 남았다. 그리고 심각하게 고민하기 시작했다. "은퇴 후 직장 없는 현실이 닥치면 무엇을 해야 하나? 수입이 없는 상황을 어떻게 극복해야 하나?"

그리고 다짐했다. 은퇴 후 설렘으로 가슴 뛰는 삶을 살기 위해 남은 2년간 은퇴 준비를 위해 최선을 다해야겠다고. 그 덕분인지 은퇴 후 대학에 재취업해 2년간 후배들을 양성하며 가슴 뛰는 시간을 보낼 수 있었다. 뿐만 아니라, '아내 몰래 비상금 3억 모으기'를 성공한 덕분에 나의 은퇴는 아름다웠고, 나는 아내로부터 경제적 독립까지 이루어 내게 됐다. 그러나 퇴직 후 처음 맞는 아침부터 나는 이 낯선 시간 앞에서 막막해질 수밖에 없었다.

| 생활계획표의 필요성

퇴직자를 대상으로 프로그램을 진행하는 한 진행자가 TV에서 이런 얘기를 한 적이 있다. 퇴직자들에게 퇴직 후 첫날의 생활계획표를 만들라고 하면 50% 이상이 아침에 눈 떠서 밤에 눈감을 때까지 '등산'만을 계획한다는 것이다. 아니, 5~60년을 등산을 위해 살아온 것은 아니지 않는가?

내 경우는 어땠을까? 2019년 1월 1일, 자연인으로 돌아왔다. 30년 남짓의 직장생활이 마무리되고 제2의 인생이 열린 것이다.

지난 30년간 회사와 가족을 위해 쉴 틈 없이 달려왔다. 퇴직하면 여유가 있을 것이라 생각했지만 여유는커녕 허무함과 황량함만이 밀려왔다. 회의감과 상실감에 휩싸였고,

어느 때는 좌절하기도 했다. 무엇보다 스스로 위축되는 느낌이 들었다. 무엇을 해야 하는지 알 수 없었고, 특별히 해야 할 일이 없어 당혹스럽기만 했다. 주섬주섬 옷을 챙겨 입고 뒷산을 택했다. 이것이 퇴직 후 첫 행보였다.

은퇴 후 며칠이 지나지 않아 은퇴 동기들로부터 모이자는 연락이 왔다. 모임 장소는 역시 예상대로 등산객들이 붐비는 청계산 입구였다. 한 명도 늦는 사람이 없이 정확하게 모였다. 성원이 이뤄졌음을 기념하며 사진 촬영도 했다. 은퇴 동기는 끈끈하다. 아마도 누구보다 동질감이 강하기 때문이리라. 아예 다음 모임 날짜까지 정하면서 1달에 한 번은 산에 오르자고 한다. 은퇴 후 친목 모임 1호가 만들어진 셈이다. 어떤 친구는 “1달에 한 번은 너무 적다”며 “1주에 한 번 모이자”는 친구도 나왔다. 물론 친구들과 등산하고 막걸리 한 잔으로 속풀이를 하는 것이 나쁘진 않았지만, 그리 유쾌한 일도 아닌 듯했다.

함께 은퇴를 한 동료는 은퇴를 한 다음날에도 가족들에게 ‘출근한다’며 통보하고, 은퇴 이전과 다름없는 하루를 보냈다고 한다. 그리곤 출근 복장인 양복과 넥타이를 한 채 다름 아닌 자신의 서재로 출근을 했다는 것이다. 그는 그렇게 함으로써 자기 자신을 다잡는다며 하소연을 했다. 마냥

웃을 수만은 없는 이야기였다.

그래서 생각한 것이 생활계획표였다. 은퇴한 사람에게도 생활계획표는 반드시 필요하다. 어떤 일정이라도 좋다. 일정을 계획하고 실행하다 보면 할 일이 없어서 하루를 막연하게 보내지 않게 되고, 훨씬 알찬 은퇴 후의 생활을 영위할 수 있게 되리라 믿는다.

깍두기 교수의 월간계획표

				1	2	3
				09:00 테니스 14:00~15:30 (○○농협대의원교육)	13:00~ (대학동문골프대회)	13:00 (○○○ 선배자혼)
4	5	6	7	8	9	10
청명 문자발송	09:00 테니스	09:00 테니스	09:00 테니스	09:00 테니스 12:00 (○○○점심식사)	09:00 테니스 14:00 (123골프)	09:00 테니스
11	12	13	14	15	16	17
12:00 ○○○후배자혼	09:00 테니스	09:00 테니스 ○○○저녁 식사	09:00 테니스 14:00 (○○농협여성대학)	12:00 (이사님.총장님 식사)	10:00~11:30 (○○농협여성조합원)	09:00 테니스
18	19	20	21	22	23	24
14:00 (훼릭스테니스)	13:00~ (○○대표라운딩)	곡우문자발송 12:00 ○○○점심 식사	10:00 (○○농협여성대학)	09:00 테니스 18:00 ○○○저녁 식사	09:00 테니스 14:00 이사님과 저녁식사	09:00 (훼릭스테니스)
25	26	27	28	29	30	31
14:00 (훼릭스테니스)	09:00 (고용보험 집체교육)	○○동기 라운딩	10:00 (○○농협대의원교육) 15:00 (○○농협여성대학)	09:00 테니스 (○○○점심 식사)	09:00 테니스 13:00 (○○농협대의원)	09:00 (훼릭스테니스)

나 역시 월간계획표를 만들었다. 은퇴 후에는 강의나 강연을 하는 날이 많았다. 이전에는 한 달에 10회 이상이었지만 지금은 코로나19의 여파로 줄어든 상태다. 강의는 주로 지방에서 진행되기 때문에 꼬박 하루를 다 투자해야 한다. 그리고 은퇴 후에는 테니스를 강도 높게 치고 싶었다. 그간 해보고 싶었지만 시간에 쫓기다 보니 제대로 하지 못했던 운동이었다. 일정이 없는 날 그리고 오후에 일정이 있는 날에는 오전에 테니스를 주로 계획했다. 이렇게 계획표를 만들어 두니 시간을 좀 더 알차게 쓸 수 있었다.

이처럼 일일계획표든 월간계획표든 꼭 일정계획표를 수립하는 게 좋다. 부디 은퇴 후 자신의 방으로 출근하거나 아침부터 밤까지 등산으로 시간을 보내지 말고, 일정계획표를 만들어 가슴 설레는 시간을 보내길 바란다.

| 은퇴가 불안한 결정적 이유: 경제적인 문제

한국 사회에서 나를 표현할 때 흔히 '내가 하는 일'부터 이야기하곤 한다. 그런데 은퇴는 '일자리를 잃는 것'이다. 즉, 일자리를 잃어버린다는 것은 결국 '나를 표현할 방법을 잃어버린다는 것'이기에 어찌 보면 자신을 전부 잃어버린다는 뜻으로도 해석할 수 있다.

일자리를 잃고 나면 어떤 현상이 찾아올까? 먼저 두려움이 찾아온다. 취업포털사이트 사람인에 따르면 '은퇴 후 두려움을 느끼는가?'라는 질문에 응답자 10명 중 8.2명이 그렇다고 답했다. 1.8명만 두려움을 느끼지 않는다고 응답한 것이다. 이처럼 대부분의 사람들은 일자리를 잃는 것에 대한 두려움을 가지고 있다.

극심한 스트레스를 겪기도 한다. 2018년 한국보건사회연구원의 자료에 의하면 계속 일자리가 있는 사람과 은퇴 후 일자리가 없는 사람의 우울증 지수가 큰 차이를 보인다고 한다. 결국 일자리를 잃고 난 후에 스트레스로 인한 우울증으로 견디기가 어려운 것이다. 일자리를 잃었다는 스트레스가 견디기 힘든 우울증으로 이어져 힘들어지는 것이다.

결국 은퇴는 두려움과 우울증 등 불안감으로 이어진다는 것인데 가장 큰 이유는 무엇일까?

한국경제비즈니스에서 직장인들을 대상으로 '은퇴를 위해 충분히 준비하고 있는가?'라는 질문으로 조사를 한 결과, '충분히 준비됐다'라는 답변은 전체의 14.5%(매우 충분 3.5%, 충분 11.0%)에 지나지 않았다. '보통이다'라는 답변은 전체의

27.5%, '부족하다'라는 답변은 무려 57.8%(조금부족 24.4%, 전혀 못함 33.4%)로 나타난 것이다. 특히 33%나 되는 사람이 전혀 준비하지 못한 상태에서 은퇴한다는 것은 매우 심각한 문제라고 할 수 있다. 사실 은퇴에 대한 준비를 나름대로 잘했던 사람들조차 은퇴 후에는 항상 부족하다고 이야기하는 경우를 볼 수 있다. 즉, 은퇴에 대해서 더 많은 준비가 필요하다는 뜻이다.

예비 은퇴자들의 은퇴 준비 상황

매우충분	충분	보통	조금부족	전혀못함
3.5%	11%	27.7%	24.4%	33.4%

자료제공 : 한국비즈니스경제

다음으로는 자녀 양육·교육 문제다. 이 문제 역시 경제적인 어려움과 연관이 있다. 현재 우리나라의 법정 정년은 60세로 규정되어 있다. 그러나 2018년 통계청 자료에는 실질적 은퇴 시기가 49세로 발표된 바 있다. 40세 후반부터 50세 중반에 은퇴를 한다고 생각하면, 대부분 자녀가 고등학교나 대학교를 다니는 시기와 일치한다. 은퇴 시기와 자녀 교육 문제가 맞물려 있다는 이야기다. 다행히 자녀가 다른 사람보다 대학을 빨리 졸업한다 해도 취업 문제가 남아 있다. 최근에는 캥거루족—돈벌이를 해도 독립하지 않고 부모님께 의지하고 있는 신세대를 일컫는 말—의 증가가 부모님들의 경제적 문제에 심각한 타격을 주고 있는 것이 현실이다.

결국 은퇴가 불안한 이유는 모두 경제적인 문제로 귀결된다. 그렇다면 과연 은퇴 후 필요한 자금은 얼마나 될까?

과거에는 30년 정도 근무하고 정년퇴직하면 퇴직금과 그동안 모아온 자금을 합해 5억 정도를 손에 쥘 수 있었다. 그리고 5억 정도면 은행에 예치해 두고 이자 소득만으로도 생활이 가능했다. 어느 은퇴 전문가는 은퇴 후 현금 수입이 월 350만 원 정도만 되면 노후에 큰 불편함이 없다고 강조한다. 그러나 저금리시대가 진행되고 있고, 물가 상승 등을 고려해 현재는 7~10억은 있어야 생활에 불편함을 느끼지 않을 것이라고 많은 전문가들은 말하고 있다.

당신은 은퇴 후 7~10억 원 정도의 현금 자산을 준비하고 있는가? 아니면 은퇴자금 7억 원 이상의 가치를 지닌 아내 몰래 비상금 3억 원—부부공동 자산 3억과는 비교도 안 될 10억 이상의 가치를 지니고 있다—을 가지고 있는가?

그런 준비가 되어 있지 않다면 당신은 아내로부터 하루 1만 원의 용돈을 받아 공원에서 시간을 보내거나 대한민국

100대 명산 등반 클럽을 결성해 SNS에 오늘은 지리산, 내일은 한라산의 아름다운 경치를 도배하는 위대한 은퇴자가 될 것이다. 그러나 늦지 않았다. 지금부터 하나씩 준비한다면 아내의 경제적 도움 없이 설렘으로 가득한 행복한 은퇴자가 될 수도 있다. 선택은 여러분의 몫이다.

【아내 몰래 비상금 3억 모으기】는
은퇴 후 경제적인 문제로부터 탈출하는 지름길이다.
-노후에 가장 힘든 것은 경제적 어려움이므로-

은퇴 선배는
미래의 거울이다

ㅣ 선배의 길을 따르다

얼마 전 김형석 교수님의 『백세 일기』[2]라는 100세 기념 에세이집을 손에 들었다. 매일 아침 6시 반, 토스트 반 조각으로 하루를 시작하고 놀랍게도 100세를 넘긴 지금도 주 3회 하루 30분 수영을 하며, 20년간 연희동 숲길을 걷는 등 그의 소소한 일상을 담아 놓은 책이다. 책을 읽는 내내 100세 되신 석학의 삶에 대해 존경심이 들었고 또한 나의 삶에 대해서도 다시 한 번 돌아보는 성찰의 시간을 가질 수 있었다. 다음은 『백세 일기』에서 발췌한 내용이다.

---

2 김형석 『백세 일기』 (김영사, 2020년)

"내 나이 100세, 감회가 가슴에서 피어오른다. 산과 자연은 태양이 떠오를 때와 서산으로 넘어갈 때 가장 아름답다. 인생도 그런 것 같다. 100세에 내 삶의 석양이 찾아들 때가 왔다. 아침보다 더 장엄한 빛을 발하는 태양을 바라보고 싶은 마음이다."

이 내용을 읽는 순간 가슴에서 감동이 피어올랐다. 나 역시 100세가 되면 교수님처럼 멋진 마음으로 세상을 바라보고 싶다는 생각이 들었다.

지인 중에 김형석 교수님 같은 분이 있다. 2020년에 『회사는 유치원이 아니다』[3]라는 제목의 54번째 책을 출판한 작가이자 구독자 10만 명 돌파를 이루어 낸 유튜버인 J선배다. 이 분은 강연, 출판, 유튜브 방송까지 나로 하여금 동기가 되어 준 장본인이기도 하다.

J선배는 31세에 『친절봉사』라는 책을 출판하고, 이후로 거의 매년 1권 이상, 현재까지 50권 이상의 책을 출판하면서 이미 여러 번의 베스트셀러 기록도 가지고 있다. 또 금융기관 재직 시에는 기상천외한 친절 서비스 체조를 만들어 금융기관의 스타가 되기도 했다. 친절 서비스 체조는 친

3 조관일 『회사는 유치원이 아니다』 (21세기북스, 2020년)

절을 강조하는 은행들의 관심이 높아지면서 매일 아침 은행원의 필수 체조가 되었다.

은행원 출신이었지만 은퇴 후에는 어느 도의 정무부지사, ○○공사 사장을 역임하는 등 현역일 때보다 더 화려한 경력으로 후배들의 귀감이 되기도 한 분이다. 한때 어느 도시 시장 후보로 출마한 경력도 지니고 있다.

뿐만 아니라 J선배는 40년 이상의 강의 활동을 해 온 바 있다. 직장과 외부기관을 가리지 않고 스타강사로 정평이 나 있는데, 선배는 이 강의 능력을 유튜브에도 접목시켰다. 현재 70세를 훌쩍 넘긴 나이임에도 불구하고 10만 구독자를 보유한 크리에이터이자 자기개발 분야의 초고수로 이미 3,000회 이상의 강의 콘텐츠를 만들어 낼 만큼 열정적인 분이다.

J선배가 2020년 7월에 출판한 『유튜버로 놀면서 매달 500만원만 벌면 좋겠다』[4]의 제목처럼 은퇴 후에 매월 500만원 이상의 수입이 들어온다면 그야말로 성공적인 은퇴 후의 삶이라 할 수 있지 않을까?

실제로 J선배는 유튜브 구독자 10만 명 이상으로 매월

---

4 조관일 『유튜버로 놀면서 매달 500만원만 벌면 좋겠다』 (쌤앤파커스, 2020년)

500만 원 이상의 수익을 내고 있으며, 그 외에도 출판한 책으로부터 나오는 인세와 강연료로 생각보다 큰 금액을 벌어들이고 있다.

선배는 언제나 길이 되어 주셨다. 물론 나에게 자신을 따르라고 이야기한 적도, 강요한 적도 없다. 단지 나 스스로 22년을 바라보며 따르고 있을 뿐이다. 그저 바라보고만 있어도 길이 보였다. 지금 걷고 있는 이 길 역시 J선배가 인도해 준 황금 같은 길이다.

"J선배님, 길이 바르고 선명하게 만들어져 편하게 발걸음합니다. 정말 감사합니다."

| 은퇴 후 10년, 나의 모습은 어떠한가?

캄캄한 새벽, 열차에 올랐다. 지방의 어느 기업체에서 강의를 요청해 내려가는 길이었다. 은퇴 후 벌써 10년이란 시간이 지났는데도 나는 여전히 일을 하고 있었다. 문득 이런 생각이 들었다. '은퇴 후에도 일을 할 수 있다는 건 하늘에서 내려준 선물임이 틀림없다.' 미래를 위해 나름대로 잘 준비한 덕분에 일주일에 3번 이상 강의가 잡히는 행운을 얻게 된 것이리라. 그러나 젊을 때처럼 닥치는 대로 일을 할 수는 없기에 가급적 여유 있게 하려고 노력한다. 일주일에 1~2회, 한 달에 10회 이내에서 소중한 경험을 나누고자 한다. 나이가 들수록 힘든 일정은 건강에 해롭기에 경제적 보상보다 건강에 무리되지 않는 선에서 일을 통해 가슴 설레는 것만으로 만족스러운 삶을 살고 싶다.

처음에는 은퇴 후에 찾아오는 복잡한 심경에서 빨리 벗어나고 싶었다. 그런 의미에서 대학으로의 재취업은 여러 측면에서 기회였다. 현직에서의 생활이 주변을 돌아보지 못하고 앞만 보고 달리는 것이었다면 대학에서의 시간은 주변을 바라볼 수 있도록 만들어 주었다.

아직도 재취업에는 생각이 없는 은퇴한 친구들, 현직에서 열심히 가족과 회사를 위해 자신의 길을 달리고 있는 후배들, 이제 막 취업을 해 우왕좌왕하는 사회초년생들의 모습이 마치 나의 모습처럼 보이기 시작했다. 오로지 나만 생각하던 주관적인 시각에서 벗어나 보다 객관적인 시각으로 다양한 상황들을 바라볼 수 있게 된 것이다.

나는 그간 적극적으로 할 수 없었던 재테크에도 시간을 적절히 배분했다. 증권사에 계좌를 맡겨 소극적인 투자성향으로 진행했던 것을 좀 더 적극적으로 늘려갔고, 또 세상의 흐름에 맞는 성장성이 큰 분야의 주식을 직접 선택하기도 했다. 이 내용은 뒤에서 자세히 다룰 예정이다.

유튜브 방송도 시작했다. '깍두기 교수 문석근 TV'로 2019년 9월 10일 첫 동영상을 제작, 업로드하면서 그동안 생각만 하던 것을 실제로 실행한 것이다. 현재는 취업과 입학 관련해 지원자들의 면접에 도움을 주는 내용으로 9편의 영상이 준비되어 있다. 구독자는 1천 명 정도 밖에 되지 않지만 시대에 발맞추고자 하나의 트렌드가 된 개인 방송을 시작한 것이다. 큰 욕심내지 않고 운영하고 있으며 향후 적극적으로 운영해 볼 계획으로 테마를 기획 중이다.

그리고 강의에 사용 중인 교안을 체계적으로 정리하기도 했다. 20년 넘게 자기개발과 소통 그리고 농업과 농촌 문제에 대해 강의하고 있지만 교안이 정리되지 않아 강의 요청이 올 때마다 짜 맞추기 식으로 활용해 왔다. 이것들을 주제별로 나누어 정리한 것이다. 그리고 내용을 다듬어 기승전결을 제대로 갖추게 하고, 보다 전문적이며 현 시대에 맞게 수정하는 작업도 병행했다.

'아내 몰래 비상금 3억 모으기'도 실제 경험을 토대로 재테크 교안을 먼저 만든 것이었다. 내용이 비교적 괜찮은 것 같았고, 꿈의 지도에 '출판'이 포함돼 있었기에 이번 기회에

책으로 만들게 된 것이다. 책이 출판되면 유튜브 채널에 영상을 제작해 올리는 것도 내 계획 중 하나다.

은퇴 후에도 일상을 알차고 즐거운 일들로 채워야 한다. 모든 것은 스스로가 결정할 일이지만 알차고 즐거운 마음으로 현재의 위치에서 할 수 있는 일을 하나씩 채워 나간다면 여러분의 은퇴 후 10년도 가슴 설렘의 연속이 될 것이다.

【아내 몰래 비상금 3억 모으기】는
은퇴 후 행선지를 몰라 헤매고 있을 때 등대가 돼 줬다.
-당신에게는 당신을 행선지로 인도해 주는 멘토가 있는가?-

Step2

'꿈의 지도 DREAM MAP'를 그려라

운명처럼 만나
설렘이 된 꿈의 지도DREAM MAP

| 보물지도와의 첫 만남

40대 초반, 직장생활도 10년 이상 훌쩍 넘어 가고 있을 때라 매사가 만족스럽지 못했다. 불만은 없었지만 다람쥐 쳇바퀴 돌듯한 일상이 가끔은 지루하게 느껴지는 시기였다. 주변에는 힘들다며 하소연하는 사람도, 풍요로워질 거라 믿고 죽어라 일했지만 뜻대로 되는 일이 없다며 푸념하는 사람도 많았다. 세상을 살아가는 중년이라면 누구나 겪을 만한 일이 아니던가?

자기개발 관련 강의를 준비하던 중이었다. 인터넷으로 책 검색을 하다가 우연히 '아마존 베스트셀러 1위'라고 쓰인 배너 광고를 보게 됐다. 책 판매를 위한 광고임을 알았지만 나도 모르게 속는 셈치고 주문을 해 버렸다. 그렇게 2004년 9월, 동화 같은 일이 벌어졌다. 기공법의 전문가로 잘 알려진 모치즈키 도시타카의 『당신의 소중한 꿈을 이루는 보물지도』[5]를 만난 것이다.

강의 준비를 위해 구입한 책이었기에 한 장 한 장 책장을 넘겨 나가기 시작했다. 그러나 뭔가에 홀린 듯 손에서 책을 놓지 못하고 앉은 자리에서 다 읽었다. 감동 그 이상이었다. 강렬하다는 표현이 옳았다. 책을 덮고 한동안 멍하니 앉아 있었다. 영화처럼 지나가는 책의 내용, 사진과 그림으로 만들어진 보물지도가 마음 한구석에 긴 여운으로 남았다. 200여 페이지로 구성된 이 얇은 책에는 꿈의 보물지도를 만드는 방법, 꿈의 보물지도를 만들어야 하는 이유, 꿈이 이루어지는 원리, 보물지도의 효과 등이 담겨 있다. 사진이나 그림을 활용해 이루고자 하는 꿈을 표현하는 방법, 꿈을 달성하기 위해 구체적인 기한을 정해두는 것 등 꿈을 이루기 위한 방법들이 쉽게 제시되어 있어 책을 보다 보면 꿈을 이룰 수 있겠다는 확신마저 든다. 그렇게 나는 점점 꿈에 가까워졌고 결국 이 책은 평범했던 내 인생을 확 바꿔 놨다.

---

5 모치즈키 도시타카 『당신의 소중한 꿈을 이루는 보물지도』 (나라원, 2004년)

누구에게나 인생을 바꿔 준 계기가 있게 마련이다. 책, 영화 등을 통해 간접경험을 하거나 여행에서 다양한 영감을 얻는 것, 사람을 만나 영향을 받는 것도 포함될 수 있다. 나에게는 보물지도가 바로 그것이었다. 인생을 송두리째 흔들어 큰 변화가 찾아온 것이다. 2~30대쯤에 만났더라면 하는 마음도 있었다. 하지만 40대 초반에 만났던 것도 감사하게 생각했다. 기회가 된다면 독자 여러분도 한 번쯤 『당신의 소중한 꿈을 이루는 보물지도』를 읽어 보기를 바란다.

나는 책에 쓰여 있는 대로 지금껏 꼭 하고 싶었지만 그간 다양한 이유로 포기했던 일들을 편하게 노트에 적었다. 게임을 하는 것처럼 즐겁게, 고민하지 않고 편하게, 어렵게 생각하지 않고 간단하게. 단지 '이 일이 이루어지면 어떨까?'를 생각하며 그대로 써 내려갔다. 그런 다음 메모지에 적은 내용을 다시 그림이나 사진으로 표현했다. 이것이 바로 2004년 9월 26일에 만들어진 깍두기 교수의 보물지도인 꿈의 지도DREAM MAP의 기초였다.

은퇴를 하고 돌아보니 꿈의 지도에 있던 내용들이 대부분 이루어졌음을 알 수 있었다. 가장 먼저 강의와 강연에 대한 것이다. 잘하고 싶은 마음에 모델로 삼았던 분들의 책을 사서 읽고 그 분들의 강의와 강연에 참석해 많은 걸 배

깍두기 교수의 DREAM MAP

(성공지도: 2004년9월26일)

우고 닮아 가고자 노력했다. 현재는 그 분들과 가끔 안부를 여쭈며 서로의 분야에 대하여 조언을 나눌 만큼 가까운 사이로 발전한 상태다.

자신과의 싸움, 무엇보다 건강을 위해 선택했던 마라톤은 풀코스(42.195km)를 2번씩이나 완주했다. 책 쓰기에 도전해 4권의 책을 출판했고 신문이나 잡지 등에 소개되기도 했다. 은퇴 전에 이미 방송 출연 제의도 있었으나 직장생활에 지장을 초래할 것 같아 은퇴 이후로 미루었다. 그리고 은퇴 후에 타고 싶었던 자동차를 사서 만족스러운 드라이브를 즐기고 있다.

무엇보다도 꿈의 지도 한가운데 배치시켰던 '아내 몰래 비상금 3억 만들기' 프로젝트를 완성해 은퇴 후 아내로부터 경제적 독립을 한 것은 정말 기적 같은 일이었다.

아직까지 달성하지 못한 일은 두 가지인데, 해외 사무소 중 하나인 일본사무소장이 되는 것과 가족과의 해외여행이다. 전자는 아쉬움이 남지만 후자는 가족과 상의 중이라 곧 이룰 수 있을 것으로 예상된다.

다시 생각해도 꿈같은 일이다. 『당신의 소중한 꿈을 이루는 보물지도』라는 책 한 권이 '아내 몰래 비상금 3억 모으기'를 성공할 수 있게 해 줬다고 해도 과언이 아니니까. 어디 그뿐인가. 책을 읽고 따라하기만 했을 뿐인데 마음의 평안, 경제적인 안정, 멋진 취미와 여가, 갖고 싶었던 자동차 그리고 이상적인 가족과 친구 등 모든 꿈이 생각했던 것 이상으로 이루어지면서 설렘으로 가득한 인생을 살게 된 것이다.

| 사진활용 성공법

우선 보물지도에 대한 이해를 돕기 위해 『당신의 소중한 꿈을 이루는 보물지도』에 나와 있는 사진활용 성공법을 소개한다.

방법은 간단하다. 갖고 싶은 것, 이루어졌으면 하는 소망

등 각자가 원하는 것을 미리 이루어졌다고 가정을 하고 사진으로 모으는 방법이다. 예컨대 자신이 꿈꾸던 집을 발견했다거나 비슷한 집을 발견했다면 일단 그 집 앞에서 사진을 찍는다. 그리고는 자신이 이미 그 집을 소유했다고 생각해 보는 것이다. 이후에는 사진을 가지고 다니면서 수시로 꺼내보고 기필코 그 집을 소유하고 말겠다는 굳은 의지를 다지면 된다.

한때 신혼부부들을 대상으로 한 관광 상품 중 '호화주택 탐방'이라는 코스가 유행한 적이 있다고 한다. 하와이, 오스트리아 등지로 신혼여행을 가서 아름답고 화려한 저택 앞에서 커플이 사진을 찍는다. 그것을 신혼 사진처럼 확대하여 집에 걸어 놓고 저택에 대한 꿈을 가지도록 만드는 것이다. 신혼부부를 대상으로 한 아이디어 여행 상품이었다.

대부분의 신혼부부는 '내 집 마련'을 꿈꾼다. 이때 원하는 집의 사진을 수시로 보면 잠재의식 속에서 '집을 갖고 싶다'는의지를 다질 수 있게 된다. 사진이라는 외부 자극을 통해 목표에 전념할 수 있게 만드는 것이다. 이것이 바로 '사진활용 성공법'이다. 실제로 많은 사람들이 이 방법으로 성공을 거두었다고 한다.

해산물 철판구이 전문점 '베니하나'의 오너인 로키 아오키는 일본 레슬링 선수였다. 그는 19살에 일본 대표선수로 미국 경기에 출전하여 경기를 마친 후 귀국하지 않고 기회의 땅 미국에 남기로 결심했다. 당시 수중에는 400달러가 전부였다. 도와줄 사람은커녕 아는 사람도 없는 낯선 땅이었다. 게다가 할 줄 아는 영어라고는 인사가 전부였으니 그야말로 최악의 상황이었다.

그러나 그는 굴하지 않았다. 반드시 풍요로운 삶을 살고 말겠다며 굳게 결심하고 첫 번째 단계로 고급 승용차를 손에 넣기로 작정하였다. 그는 바로 롤스로이스 차량 보유자를 찾아가 간곡히 부탁한 끝에 몇 장의 사진을 찍었다. 운전석에 앉아서 직접 운전을 하는 장면, 차 앞에서 환하게 웃는 장면 등 마치 자신의 자동차인 것처럼 다양한 사진을 찍은 것이다. 그는 사진을 몸에 지니고 다니면서 틈나는 대로 사진을 보며 간절하게 그 차를 갖길 원했다. 그리고 얼마 후 우연히 참여한 경품 추첨 행사에서 1등으로 당첨되면서 롤스로이스 자동차의 주인이 될 수 있었다.

수중에 단돈 400달러밖에 없었던 가난한 청년 '로키 아오키'는 미국 레슬링 챔피언이 됐을 때도 팬티 속에 챔피언 벨트를 차고 V자를 그리며 웃고 있는 사진을 넣어 놨다고 한다. 그 외에도 그는 아름다운 자신의 성 같은 베니하나 1호점, 자가용 제트기 등 자신이 바라던 것들을 사진을 통해 실제 현실로 이루어 내면서 결국 미국에서 큰 성공을 거둘 수 있었다고 한다.

깍두기 교수의 꿈의 지도DREAM MAP 역시 사진활용 성공법과 유사하게 만들었다.

2004년 9월 꿈의 지도를 만들 때, 갖고 싶었던 자동차를 목록에 써 넣었던 것이다. 인터넷에서 원하는 모델의 사진을 구하고, 2018년 12월 은퇴하면서 그 차를 갖고 싶다고 구체적인 일정까지 써 두었다.

【깍두기 교수 문석근은 2018년 12월 31일 간절하게 갖고 싶었던 OOO자동차를 구매하였습니다. 감사합니다.】

그리고 시간이 흘러 퇴직을 앞둔 어느 날, 퇴직 날짜에 맞춰 차를 바꾸고 싶었다. 그래서 여러 가지 상황을 고려해 차종을 선택하고 자동차를 구매했다. 사실 꿈의 지도에 있는 사진 속 자동차 모델이 무엇인지도 모르고 있었다. 나중에 사진 속 차와 동일 모델이라는 사실을 알고 놀라지 않을 수 없었다.

사진활용 성공법은 실로 마법 같은 성공비결이다. 원하는 것을 사진으로 가지고 다니면서 간절한 마음으로 갖기 위해 노력한다면 반드시 꿈을 이룰 수 있을 것이다.

| 깍두기 교수의 '꿈의 지도DREAM MAP 만들기' 8단계

우연히 구입한 책에서 감동을 받아 2004년 9월 26일에 만들었던 깍두기 교수의 꿈의 지도DREAM MAP를 서재 한가운데에 붙여 두고 매일 바라보며 꿈을 이루는 상상을 했다. 물론 그 지도 한 장으로 꿈이 이루어졌다고는 생각하지 않는다. 하지만 매사에 그 꿈들을 이루기 위해 관심 분야에 집중하고 또 정보 수집도 하면서 방법을 찾은 것 같다.

독자 여러분에게 도움을 주고 싶어 『당신의 소중한 꿈을 이루는 보물지도』를 읽고 꿈의 지도를 만들었던 방법과 실제 실천했던 내용을 지금부터 단계별로 설명하고자 한다.

1단계-꿈의 지도 제목 만들기

모조지 혹은 A1(90cm*60cm) 정도 크기의 종이나 코르크보드를 준비한다. 맨 위에 이름이나 닉네임을 넣어 '○○○의 꿈의 지도'라고 써 준다. 가능하면 시각적인 방법을 동원해 다양하게 꾸미면 더욱 좋다. 제목 앞에 자기 이미지를 연상시키는 캐치프레이즈를 넣으면 더욱 강력해진다. 나는 '깍두기 교수'라는 별명을 활용하여 '깍두기 교수 『꿈의 지도』'라고 적었다. 동일한 방법으로 파워포인트로 파일을 만들어 PC 바탕화면으로 이용해도 좋다.

2단계-행복한 모습의 사진 붙이기

지도의 중앙이나 잘 보이는 곳에 본인이 진심으로 행복하게 웃고 있는 사진을 배치시킨다. 꿈을 이루었을 때 성취감에 행복한 자신의 모습이라 생각하면 이해가 쉬울 것이다. 가족이나 친구 등 목표 달성의 기쁨이나 즐거움을 나누고 싶은 사람들의 사진을 붙여도 좋다. 나는 한가운데에 【비상금 3억 모으기】라 쓰고 나와 가족이 행복하게 웃고 있는 사진을 넣었다.

3단계-꿈과 소망의 이미지나 사진 오려 붙이기

갖고 싶은 것이나 구체적인 목표를 나타내는 사진, 일러스트 등을 찾아 사진 주변에 배치시킨다. 배치 방법은 형식

에 구애받지 말고 마음대로 편하게 붙이면 된다. 시각적 효과와 균형을 맞추어 배치하면 보기도 좋고 마음속으로 떠올리기도 쉽다.

4단계-달성 기한과 조건 써 넣기

명확한 목표 설정을 위해 기한이나 조건 등을 포스트 잇post-it에 써서 붙인다. 나의 경우에는 【2021년 12월 31일까지 '아내 몰래 비상금 3억 모으기'를 책으로 쓰고 출판사에서 출판을 완료하였습니다.】라고 써서 붙였다. 미래에 일어날 일이지만 이미 이루어졌다고 생각하고 과거형으로 기록한다.

5단계-목표 달성이 자신과 주변 사람에게 미치는 영향 생각하기

목표 달성이 본인이나 가족, 친구 등에게 어떤 영향을 미치는지 적는다.

나는 이렇게 썼다. 【2018년 12월 31일 은퇴하는 날까지 가족이나 아내에게 부담을 주지 않기 위해 아내 몰래 비상금 3억을 모아 경제적으로 독립했습니다.】 은퇴한 후에 아내로부터 매일 용돈을 받아 하루하루를 보낸다면 얼마나 비참할 것인가?

6단계-목표가 자신의 인생 목적과 부합되는지 생각하기

목표가 인생의 목적과 가치관에 부합하는지 검토한다. 아무리 훌륭하고 거창한 목표라도 본인의 가치관과 맞지 않으면 꿈 목록에서 제외시킨다. 책 출판은 여유로운 노후 생활을 위해 준비해 온 과정을 기록하고 싶은 나의 가치관과 맞아 떨어져 【은퇴하고 1년 이내 '아내 몰래 비상금 3억 모으기' 책을 출판하고 싶어】라고 써 붙였다.

7단계-구체적인 실천 사항 써넣기

구체적인 실천을 위해 이번 주, 이번 달, 오늘의 실천 사항을 작성한다. 【2004년 10월 31일 아내 몰래 비상금 3억 모으기를 위해 한 달 동안 모았던 강사료로 삼성전자 주식 20주를 매수하였습니다.】 이번 주 목표사항이라도 이미 실행한 것처럼 과거형으로 써야 한다. 과거형으로 쓴다는 것은 이것이 막연한 꿈이 아니라 실제로 이룰 수 있다는 암시가 되어 주기 때문에 아주 중요하다.

8단계-잘 보이는 장소에 붙이기

꿈의 지도를 완성했으면 눈에 띄는 장소에 붙여 두고 자주 바라본다. 가능하면 사진으로 찍어서 수첩 속, 냉장고, 화장실, 눈에 띄는 곳에 붙인다. 자주 볼수록 좋다. 깍두기 교수 꿈의 지도는 서재 한가운데 잘 보이는 곳에 걸어 두었고, 교안에도 포함시켜 주문을 외우듯 활용하였다.

나는 자기개발 분야에 대한 강연이나 강의를 할 때면 꿈의 지도를 강의 내용에 포함시켜 활용했다. 이는 은연중에 실천 의지를 높여 주는 좋은 방법이었다. 경험상 PC 바탕화면을 이용하는 것도 추천하고 싶다.

| 우리가 꿈을 포기하는 10가지 이유

많은 자기개발 전문가들이 목표 달성하는 방법, 이른바 성공하는 방법에 대해 다양한 이야기를 하고 있다.

- 자신의 꿈을 슬로건(표어) 삼아 방이나 잘 보이는 곳에 붙여 두고 매일매일 큰소리로 읽어라
- 계획을 세우고 달성기일을 설정해 매일 진척상황을 확인하고, 분명하게 행동하라
- 자신의 성공한 모습을 상상하고 그 이미지를 강화하기 위하여 스토리를 만들어라
- 적극적인 사고를 가지고 반드시 이룰 수 있다고 믿어라

꿈을 이루거나 목표에 다가서기 위해 효과적인 방법들이라 생각한다. 하지만 평범한 사람들은 실천하기가 쉽지 않고, 지속하기도 어렵다. 그래서 처음에 이루고자 했던 꿈을 포기하는 경우가 많다.

그렇다면 또 어떤 점들이 우리로 하여금 꿈을 포기하게 만들까?

우리가 꿈을 포기하는 10가지 이유

1. 너무 어려운 꿈이라 처음부터 꿈을 포기한다.
2. 머릿속에 이미지가 잘 그려지지 않는다.
3. 의욕과 열정이 오래가지 않는다.
4. 구체적인 행동과 실천으로 이어지지 않는다.
5. 목표를 잊어버리거나, 떠올리는 횟수가 적다.
6. 노력과 고통이 따르는 비효율적인 방법을 반복해서 실천한다.
7. 자신의 능력이나 이미지가 꿈과 거리가 멀다고 생각한다.
8. 꿈을 위해 노력할 시간이 없을 만큼 바빠서 실행을 습관화시키지 못한다.
9. 성과가 확실하지 않고 성과가 나오기까지 기다릴 수 없다.
10. 적극적인 사고만으로 돈과 인맥의 벽을 넘지 못한다.

많은 사람들이 이처럼 다양한 이유로 꿈을 포기하게 된다. 그러나 꿈을 이루고자 한다면 스스로 포기하지 않으려는 의지를 다져야 한다. 이를 위해서는 목표에 대해 '설렘'을 느낄 수 있어야 한다. 목표를 달성했을 때의 성취감을 생각하면 목표 달성을 향한 길이 그리 힘들게만 느껴지지는 않을 것이다. 필자에게는 '깍두기 교수의 꿈의 지도'가 그러한 역할을 해 주었다. 이처럼 자신에게 동기 부여가 될 수 있는 도구를 만들어 활용한다면 큰 도움이 될 것이다.

【아내 몰래 비상금 3억 모으기】는

가슴을 설레게 한 보물지도를 만나 구체화됐다.

-구체적인 실행 계획은 DREAM MAP 만들기부터-

꿈의 지도를 그리게 한 세 번의 기회

누구에게나 인생을 돌아보면 아쉬운 순간들이 있게 마련이다. 자신도 모르게 왔다가 가버린 기회의 순간을 뒤늦게 깨닫거나 예상치 못하게 인생에 큰 영향을 미친 순간의 선택을 후회하는 경우가 그렇다.

나에게도 세 번의 기회가 있었다. 어려서부터 경제적으로 어려움을 겪었던 나에게 경제적 독립은 마음 한구석에 자리 잡은 꿈이자 인생의 사명 같은 것이었다. 그래서 기회가 있을 때마다 경제적 독립을 위해 부단히 노력해 왔다. 지금 생각해 보면 나에게 찾아온 세 번의 기회 모두 경제적 독립을 위한 발버둥이었던 것 같다. 하지만 이 기회들 앞에서 나 역시 후회를 남기고 말았다. 나는 이 후회를 발판 삼아 다시 한 번 심기일전해 꿈의 지도DREAM MAP를 그리게 된 것은 아닐까 싶다.

| 생애 첫 분양 아파트의 배신

어려서부터 직업 군인이 되고 싶었다. 대학 생활 중 우연히 장교의 길을 마주하게 됐고 나는 주저 없이 선택했다. 사관생도를 꿈꿨지만 좌절되고, 다시 한 번 기회가 찾아와 직업 군인의 길을 걸을 수 있게 됐다. 그리고 5년 4개월의 군 생활. 최선을 다하려 애썼지만 가고자 했던 길이 생각보다 좁게 느껴져 결국 전역을 선택하게 됐다.

전역 후 첫 직장은 은행이었다. 대도시보다 지방의 소도시에 사무실이 많았기에 근무지는 지방이었다. 일의 특성상 2~3년에 한 번씩 근무지를 이동해야 했지만, 도전을 즐기는 내 성격과 맞아 떨어졌다. 그리고 직장생활 중 첫 목표가 생겼다. 신입사원 교육 중 선배 교수님께서 해 주신 말씀 중 실천해 보고 싶은 것이 있었던 것이다. 근무지를 이동할 때마다 그 지역의 부동산을 조금씩 사두면 훗날 재테크에 크게 도움이 된다는 조언이었다. 그러나 결심만 하고 실천하지 못했다. 은퇴를 한 지금, 그때 그 조언을 깊게 새겨듣고 제대로 실천하지 못한 것이 두고두고 후회스럽다. 독자들 가운데 사회 초년생이거나 비교적 젊은 직장인이라면 지방 근무에 대한 부정적인 면보다 긍정적인 면을 찾으려 노력한다면 좋은 결과를 얻을 수 있을 거라 생각한다.

첫 근무지는 부산 근처의 중소도시였다. 군 생활을 부산에서 한 덕분에 낯설지 않아 근무하기 좋은 지역이었다. 결혼을 일찍 한 탓에 다른 지역으로 발령받았다면 곤란했을 텐데, 발령지가 집 근처인 것은 그야말로 행운이었다.

발령 후 처음 도전한 것은 아파트 분양이었다. 때는 90년대 초반으로, 당시에는 대도시 중심으로 아파트 분양 열기가 일 때였다. 그 열기가 부산에도 조금씩 옮겨 붙고 있었다. 분양받은 아파트는 제법 큰 건설사가 짓는 23평 아파트였다. 이 아파트는 부산의 끄트머리에 있었고, 당시에는 행정구역이 부산이 아니었지만 나중에 부산으로 편입된 지역이었다. 바닷가를 끼고 있어 분양 조건 대비 입지가 아주 좋은 대단위 아파트 단지였다. 당시 분양 가격이 5천만 원 남짓이었기에 군 생활하면서 모은 목돈을 투자하고, 중도금을 천천히 부담하는 조건이 있어 직접 거주하지 않고 전세로 돌릴 생각으로 분양받은 것이었다. 요즘 부동산 용어로 전세를 끼고 하는 갭 투자였던 셈이다. 당시 그렇게 할 수 있었던 것은 직장의 복지혜택 덕분이었다. 본인 명의의 아파트나 주택이 근무하는 지역에만 존재하지 않으면 전세 자금을 무이자로 융자해 주는 제도를 활용했다. 어차피 근무지 이동이 잦아 한 지역에 오래 거주할 필요가 없었기에 분양받은 아파트는 전세로 돌려두기만 하면 큰 돈 들이지 않고 내 명의로 아파트를 소유할 수 있었다. 그렇게 생애 첫 아파트 분양으로 부동산을 소유하게 된 것이었다.

처음 가져보는 아파트였지만 한 번도 살아 보지 못하고 전세로만 돌려 10년이 넘게 이름만 소유자로 되어 있었다. 그러는 동안 그 지역에서 멀지 않은 도시와 농촌지역을 오가며 근무를 계속 이어갔다. 아파트 가격은 처음 분양을 받을 때나 10년이 지난 시점이나 큰 변함이 없이 동일한 가격대에 머물러 있었다.

2000년 초, 인생의 전환점을 맞게 되었다. 10년 넘게 일하던 지방근무를 마치고 수도권으로 이동하게 된 것이다. 이는 지금까지의 은행원 업무가 아닌 전문가 직군으로 일하게 되면서 새로운 전기가 시작됨과 함께 지방생활의 청산을 알리는 이동이라 할 수 있었다. 그래서 이것저것 정리를 하게 됐다. 첫 분양 아파트까지 처분하게 된 것이다. 분양가격 5천만 원이었던 아파트 가격은 처분가격 역시 5천만 원이었다. 여러 가지 상황을 고려하면 손해를 보고 넘긴 셈이다. 그러나 안타까운 일은 다음에 일어났다. 처분 후 얼마 지나지 않아 아파트가 있던 지역에 개발붐이 일어 큰 변화를 맞게 된 것이다. 부산 전철이 그곳까지 연장되었고 부산의 하나밖에 없는 ○○군청이 아파트 바로 맞은편으로 이전하기까지 했다. 역세권에 공공기관까지 들어서면서 5천만 원이던 아파트 가격은 천정부지로 올라 결국 2억 원이 넘는 가격에 거래되고 있었다. 모든 것을 걸고 시작했던 나의 첫 아파트는 아내의 긴 한숨소리와 함께 아쉬움, 허망함, 배신감만을 남기고 그렇게 끝나고 말았다.

| 인생 한 방, 90억 원을 날려버린 사건

어디를 가나 터줏대감처럼 든든하게 고향을 지키는 분들이 계신다. 나에게 P형님은 바로 그런 분이었다. 당시 20대 후반의 나를 데리고 다니며 밥도 사 주시고, 늘 좋은 말씀을 해 주셨다. 업무적인 부분도 꼼꼼하게 가르쳐 주셨다. 당시 P형님이 50대 초반이었으니 아버지뻘이라 해도 이상하지 않을 만큼의 나이 터울이었음에도 불구하고 나를 마치 친동생처럼 아껴 주신 것이다. 나 역시 고향 아닌 객지에서 근무 중이었고 신입사원이라 아무것도 모를 때이니 고마운 분일 수밖에 없었다.

어느 봄날, 꽃피고 날씨마저 좋아 바람 쐬기 딱 좋은 날이었다. P형님이 사무소 뒤쪽에 있는 야트막한 산 정상으로 날 데리고 가더니 멀리 보이는 특정 지역을 가리키며 잘 살펴보라 하셨다. P형님이 가리키는 곳은 허허벌판의 한가운데 있는 논이었다. 그러면서 그 땅의 평수가 600평이며 현재 가격은 평당 12만 원 정도라는 이야기를 했다. 그리고 그 땅이 당신 땅이라며 신나게 설명하였다. 알려진 바로는 형님의 땅이 그곳만 있는 것이 아니라 그 지역 여러 군데 나누어져 있어 소위 땅 부자라 들었는데 그 땅을 소개하는 이유를 처음엔 몰랐다.

한참동안 땅에 대해 이야기를 하시고 향후 부산의 성장 가능성에 대해서도 말씀을 이어 나갔다. 부산이 성장해 이쪽으로 뻗어 나오게 되면 가치를 가늠할 수 없다는 말씀까지 했다. '땅의 가치가 나와 무슨 상관이지?'라고 생각하며 산을 내려가려고 돌아서는 순간 "네가 산다고 하면 이 땅 싸게 줄게. 이 땅 사지 않을래?"하는 것이었다. 무슨 말인지 이해가 되질 않았다. 그 좋은 땅을 왜 나에게 넘기며, 싸게 넘겨준다는 이유가 뭔지 궁금했다. '혹시 나한테 이 땅을 떠넘기려고 그러나?'하는 의심까지 들었다. 하지만 평소에 친절했고 나에게 필요했던 분이라 고민이 많이 됐다. 당장은 결정할 수 없고, 가족들과 검토한 후에 답하겠노라고 대답하고 일단 후퇴했다.

혼란스러웠다. '땅을 인수한다면 돈은 어떻게 조달하지?', '살 의사가 없다면 어떻게 거절하지?', '대체 왜 나한테 그런 제안을 했지?' 등의 생각으로 머리가 복잡했다. '가끔 노름판을 찾으신다더니 빚 때문에 땅을 처분해야 하나? 그런 곤란한 상황 때문에 날 이용하는 건가?' 순간적으로 P형님이 의심스러워지기 시작했다. 형님께서 제시한 금액은 평당 8만원, 당시의 거래가격 대비 67%로 엄청나게 저렴한 가격이었다.

단순히 계산하면 평당 8만 원, 총 48백만 원으로 논(답) 600평의 소유자가 되는 것이었다. 당시 주변 시세가 12만 원이었으니 돈이 없었더라도 감정가격이 충분해 대출로 처리하고 이자만 부담하면 되는 일이었다. 복잡하게 생각하지 않았으면 그 땅의 소유자가 되었을 것이다. 하지만 나는 나중에 P형님을 만나 도저히 안 되겠다며 정말 미안하다는 말로 거절하고 말았다.

현재 그 장소는 어떻게 변했을까? 얼마 전 근처를 지나는 길에 주변을 둘러 봤다. 그곳엔 전철역사(남양산역)가 들어서면서 주변 상가와 대학병원까지 자리하고 있었다. 소위 핫hot한 장소가 되어 있었던 것이다. 마침 부동산 사무실이 있어 주변 땅 시세를 물어 보았더니 "평당 1,500만 원이 넘는다."는 답이 돌아왔다. 순간, '90억 원이 돼 버린 인생의 황금 같은 두 번째 기회가 이렇게 허망하게 날아가 버렸구나.'하는 생각이 들어 안타깝기 그지없었다.

| 은퇴자들의 로망! 귀농, 귀촌을 위한 시골 땅 5,000평

1995년 3월, 직장에서 관리자로 승진했다. 하지만 나는 마치 나락으로 떨어지는 것만 같은 기분으로 시간을 보냈다. 승진했는데 나락이 무슨 말인가 싶을 것이다. 다니던 회사의 관리자 시험은 고시라 할 만큼 힘든 시험이었다. 대부분 몇 수는 기본이었고 평생 관리자가 되지 못하고 퇴직하는 인원도 부지기수였다. 운이 좋았는지 그해 승진했지만 오히려 승진한 것보다 못한 꼴이 될 줄은 아무도 몰랐다.

승진과 함께 회사에서 난 발령문서를 보고 거짓이길 바

랐다. 그렇게 고생하며 공부했는데 승진과 동시에 유배지나 다름없는 산간벽지로 발령이 난 것이다. 그 곳은 바로 지리산 아랫동네였다. 발령지로 가는 길은 포장이 돼 있긴 했지만, 구불구불 돌고 돌아가는 것이 마치 깊은 산속으로 들어가는 것만 같았다. 고향이나 다른 지역으로 발령이 날 거라 생각했는데 상황은 전혀 다르게 돌아가고 있었다. 다음 발령이 어떻게 될지 몰라 가족과 함께 이사를 하는데 아내와 아이들에게 미안하기도 하고 마음이 많이 무거웠다.

그러나 인생은 아무도 모른다. 그래서 '새옹지마'라 하지 않던가? 어려운 상황에서도 기회는 찾아오는 법이다. 엉뚱한 곳에서 기회가 찾아왔다. 그때 그 일로 사람과의 관계에서 나만의 철칙으로 삼게 된 신조와 원칙이 있다. 신조는 "누굴 만나든 소중하게 대하자"이며, 사람과의 관계가 매우 중요한 직장인 만큼 원칙을 가지고 고객을 하늘처럼 모셔야 성공한다는 말이 사실임을 깨닫게 된 것이다.

<사람과의 관계형성 원칙>

1. 사람은 전부 동일한 존재다. 절대 사람을 차별하지 말자.
2. 사람들은 연결되어 있다. 그 사람과 나를 연결시켜 나가자.
3. 사람은 작은 일에 감동한다. 작은 일을 소홀히 하지 말자.

4. 사람은 자기 사람을 좋아한다. 항상 '함께'라고 인식시키자.

그분은 새로운 근무지에서 만난 분이었다. 연세는 제법 드셨고 장교로 연결되는 선배였다. 선한 인상인데도 평범해 보이지 않는 위엄이 있어 보였고 나중에 안 사실이지만 서울의 이름 있는 대학을 나온 분이셨다. 그리고 내가 떠난 후에 지역 선거에 당선까지 되셨으니 지역 유지라는 표현이 어울리겠다. 필자는 유복자였기 때문인지 어르신들을 뵈면 아버지처럼 대하곤 했는데 그분께도 살갑게 굴었고 말씀도 잘 들어 드리면서 따뜻하게 모셨다. 그분 역시 나를 자식처럼 따뜻하게 대해 주셨으며, 주변의 고객을 소개해 줄 만큼 신뢰해 주셨다.

1년 가까이 정성스레 모신 어느 날, 나에게 선물하시겠다며 마을 입구의 괜찮아 보이는 땅 5,000평(시골집터와 텃밭이 1,000평 + 집을 둘러싸고 있는 임야가 4,000평)을 보여 주셨다. 시골 생활하기에 이만한 조건을 갖춘 땅이 있을까 싶을 만큼 좋은 땅이었다. 연세가 있으시고 농사짓기가 힘들어 "이 땅을 네게 주고 싶다"는 것이었다. 너무 당황스럽기도 하고 혹여 다른 사람들의 오해가 있을 수 있어 단호하게 거절했지만 선배님은 이미 마음을 굳히신 듯했다. 결국 아내와 의논해서 그 땅을 소유권 이전하기로 하였다. 시세보다는 적은 돈이었지만 당시 돈으로 4,000만 원이라는 가격을 그분께 지불했다. 한사코 받지 않으려 하시기에 그분의 통장에 입금시키는 방법으로 대금을 지불했다.

앞서 이야기했던 땅은 절호의 기회를 놓쳐 주인이 되지 못했지만 지리산 아래 양지바른 괜찮은 땅 5,000평의 실제 주인이 된 것이다. 본인 명의로 부동산을 가져 본다는 건 생각보다 든든하고 괜찮게 느껴졌다. 이래서 땅주인이 되는 건가 싶을 정도였다. 그 후 그 땅은 5년 넘게 내 소유로 되어 있었다.

매입한 지 5년이 지나도 시골지역 5,000평의 땅 가격은 그리 오르지 않았다. 또 이 시점에서 수도권으로 근무지를 옮기게 되면서 결국 부동산에 연락해서 매매의뢰를 했다. 그러나 사려는 사람이 쉽게 나타나지 않았다. 팔기로 마음을 먹고 나니 마음이 급해져 처음 매입가격 정도의 급매물로 내놓았다. 그랬더니 쉽게 팔렸다. 그때는 아무 생각 없이 팔아버렸던 땅이지만 지금은 '왜 팔았을까?'하는 생각이 종종 든다. 고향 가는 길목이라 한 번씩 그 땅을 보게 되는데 그때마다 그 땅이 얼마나 좋은 땅이었는지, 그 가치가 어느 정도인지를 가늠하게 되기 때문이다.

이렇게 후회가 남는 것은 이 땅이 은퇴자들의 로망이 될 수 있었기 때문이다. 지금 은퇴하는 사람들은 대부분 전후 세대로 한국 경제의 부흥기를 이끌었던 사람들이다. 따라서 젊은 시절의 애환과 추억에 대한 그리움으로 다시 고향으로 돌아가는 것이 하나의 로망이다. 통계청 자료에 따르면 최근 한 해에 50만 명 가까운 사람들이 귀농, 귀촌을 한 것으로 나타났다. 귀농, 귀촌에서 가장 필요한 것이 바로 농사를 지을 수 있는 텃밭과 생활 공간인 집터인데, 시골의 5,000평 땅은 은퇴자들을 위한 최적의 땅이었던 것이다. 사실 고향 근처의 땅이라 그냥 뒀어도 됐을 텐데, 왜 그런 결정을 했을까 하는 마음에 아내도 나도 정말 아쉬워한다.

흔히 인생에서 3번의 기회가 찾아온다고 한다. 지나고 보면 그것이 기회였다는 것을 알게 되지만 당시에는 그것이 자신의 인생에 찾아오는 황금 같은 기회라는 사실을 왜 모를까?

【아내 몰래 비상금 3억 모으기】는
황금 같은 세 번의 기회를 놓친 후
다시 한 번 찾아온 인생의 기회였다.
-실패라고 생각할 때 성공의 기회가 찾아오기도 한다.-

생각만 하지 말고,
실천하라

| 실행하지 않으면 결과도 없다.

매주 토요일 오후 8시 45분, 이 시간을 기다리는 사람이 의외로 많다. 주말 드라마 시간도 아니고, 스포츠 중계 시간은 더더욱 아니다. 뉴스 언저리 시간을 이용한 로또복권 추첨 시간이다. 숫자 6개 중에서 3개의 번호를 맞추면 5등(당첨금 5천원), 4개의 번호를 맞추면 4등(당첨금 5만원), 1등은 6개 번호가 추첨으로 나온 번호와 일치해야 한다. 당첨금도 어마어마해 수십억 원이 될 때도 있다.

그럼 복권에 당첨되려면 어떻게 해야 될까? 독자들도 매우 궁금하리라 예상된다. 복권에 당첨되는 방법을 로또복권을 판매하는 가게 주인에게 물었다. 정답은 의외로 간단했다. 일단 복권을 사서 기다리면 된다는 것이다. 어이가 없어서 웃긴 했지만 확실한 방법이다. 어떤 것이든 결과를 얻으려면 시작이 있어야 하고 그 시작이 바로 실행이다. 그렇다고 사행성을 부추기는 것은 아니니 오해하지 않길 빈다.

은퇴를 한 달쯤 남기고 마음도 복잡하고 불안한 마음에 경기도 공무원으로 정년퇴직한 김운영씨가 쓴 『퇴직하는 날 집 나간 남자』[6]라는 한 권의 책을 샀다. 내 상황과 꼭 어울리는 제목에 마음이 끌렸던 것이다. 그러나 몇 장을 넘기다 책장을 덮었는데, 최근에 다시 읽어 보았다.

은퇴하기 전에 작성한 버킷리스트를 실행하기 위해 동해안, 서해안, 남해안을 돌고 집으로 돌아가는 길을 기록한 책이다. 저자는 48일간의 여정 속에서 271만 보를 걸으며 경험한 것들과 도보여행의 정보를 공유하고 있다.

은퇴하는 날 떠난다는 것. 그것도 가족을 남겨두고 떠난다는 건 나로선 상상도 못할 일이었다. 그러나 책을 읽으면서 온갖 역경을 이겨내고 때로는 인간미 넘치는 이야기를 들려주는 이 저자가 참 멋있게 산다는 생각이 들었다. 그렇지 않은가? 은퇴하는 날 그것을 실행하지 않았다면 그

---

6 김운영 『퇴직하는 날 집 나간 남자』 (가나북스, 2018년)

의 꿈은 실행되지 않은 채 내내 버킷리스트로 남아 있었을 것이다.

아내 몰래 비상금 3억 모으기도 만약 첫걸음을 떼지 않았다면—계획을 세우고, 십수 년이 넘는 시간동안 적금 넣어 목돈을 만들고, 목돈으로 꾸준히 주식에 투자하기를 실천하지 않았다면—여전히 깍두기 교수의 달성되지 못한 꿈夢에 불과했을 것이다.

| 수입income의 원천을 만들어 작은 것부터

직장생활은 수입원이 뻔하다. 매달 월급 받아서 생활비와 세금, 아이들 교육비까지 쓸 곳이 얼마나 많은지 마이너스 통장 하나 없는 직장인을 찾기 어려울 것이다. 보통 직장인의 함정이다. 언제나 그 함정에 빠져 헤어나지 못한다. 빠듯하게 생활하면서도 나아질 거라 믿지만 돌아보면 매일 같은 생활을 반복하고 있는 것이다.

사실상 월급만으로는 생활하기가 힘든 시대다. 따라서 월급 외에 다른 수입원을 만들어 두면 좋다. 매월 단돈 만원이라도 월급이 아닌 다른 수입원을 통해 벌 수 있도록 노력해 보자. 틀림없이 있을 것이다. 나의 경우, 근무지가 수도권으로 바뀌면서부터 어설프게 강의나 강연을 통해 용돈을 벌겠다고 마음 먹을 수 있었다. 사내에서 교육관련 업무를 수행하다 보니 자연스레 강의나 강연으로 관심을 가지게 된 것이다. 물론 처음부터 잘할 수는 없다. 강의나 강연 시장에서 겪어야 할 서러움과 피나는 노력을 통해야만 원하는 바를 쉽게 이룰 수 있다.

20년 전, 외부로 첫 강의를 갔을 때였다. 당시만 해도 사내강사가 외부 강의에 초청을 받으면 다른 교수들의 부러움의 대상이 되곤 했다. 초청받은 강의는 자가 운전으로 5시간 이상 가야 했던 꽤나 먼 강원도 어느 기업의 연수원이었다.

나름대로 준비는 열심히 했지만 외부 강의라 긴장했던 것으로 기억된다. 하지만 최선을 다했기에 스스로 만족하며 집으로 돌아왔다. 그리고 곧바로 강의를 요청한 사무소에서 준 박스를 개봉하게 됐다. 먼저 오징어 특유의 냄새와 함께 마른 오징어 20마리가 보였다. 다른 기대가 있었기에 오징어의 짭조름한 냄새도 나쁘지 않았다. 오징어는 인사치레로 넣었을 것이고, 강사료는 얼마나 주셨을지 그게 더 궁금했다.

외부 강의를 다녀오면 선배교수들이 주변 사람들에게

점심을 대접하곤 했기 때문에 어느 정도 강사료를 기대하는 건 당연한 일이었다. 제법 먼 거리를 직접 운전해 강의까지 해 주었으니 스스로 기대하는 금액도 있었다. 하지만 기대가 큰 만큼 실망도 컸다. 강사료 봉투는 아무리 찾아도 없고 오징어 20마리와 비릿한 냄새가 전부였다.

서운한 마음은 이루 말할 수 없었다. 화도 많이 났다. 그러나 생각해 보면 당연한 일이었다. 강사로서의 경력을 제대로 쌓지도 못했던 내가 다른 강사들과 같은 강사료를 받으려고 했던 것 자체가 오만이지 않은가? 나는 오징어 한 축을 바라보면서 마음을 다잡았다. 우선 몸값을 높이는 것이 더 중요했다. 실력부터 쌓아야겠다고 다짐했다. 그런 다음에 정당한 강사료를 요구해도 늦지 않다고 생각했다. 그때의 오징어 20마리는 이후 강사로서의 내 삶에 큰 영향을 미쳤다. 어찌 보면 참으로 값진 선물이었다.

강의·강연 시장은 생각보다 치열한 편이다. 자기 분야에서 성공한 전문가는 물론 연예인, 스포츠 스타 등 다양한 사람들이 활동하고 있다. 그러나 아무리 잘 알려진 사람이라 하더라도 시장에서 대우받으려면 실력을 갖추어야 한다. 전문가로서 잘 알려지고 뛰어난 콘텐츠를 가지고 있다 하더라도 시장의 요구에 못 따라가면 실력을 인정받지 못하고 자신이 원하는 몸값을 받기 어렵다. 전문적 지식과 함께 그것을 재미있게 전달하는 능력까지 가지고 있어야 원하는 몸값을 받을 수 있는 것이다.

강의·강연 시장의 몸값은 청중의 반응으로 확연히 구분된다. 따라서 기업의 요구는 물론 청중들의 니즈까지 정확히 알고 접근하는 것이 중요하다. 나는 강의·강연의 미래에 관심이 있었던 터라 시장에서 요구하는 점을 충분히 인식하고 신중하게 접근할 수 있었다. 그리고 은퇴 후 잘할 수 있는 일에 집중해 차근차근 준비했다. 이제는 교육 진행 경험이 많아 어떤 강사와도 약간의 대화를 나눠 보면 바로 몸값을 알 정도까지 발전했다.

은퇴 후 잘 준비해 온 덕분인지 몰라도 이제 강의·강연 시장에서 내 몸값은 어느 정도 정해져 있다. 참 다행이라고 생각한다. 그렇다 하더라도 강사는 강사료에 너무 연연하지 않는 편이 좋다. 오히려 강의에 집중해 전력을 다하면 몸값은 자연스럽게 상승하는 것이 이곳 시장의 원리다. 따라서 오로지 강의에 집중하는 것이 강사로서 성공하는 지름길이다.

그리고 또 한 가지. 제대로 준비를 하지 않고 시장에 뛰어 들면 낭패를 당하기 쉽다. 일단 현업이 있으면 현업에 충실하면서 천천히 자신의 영역을 넓혀 나가는 것이 좋다. 최근 여러 분야에서 강의·강연 시장으로 진출을 시도하는 젊은 전문가들이 많아졌다. 하지만 강의·강연 시장은 돌발변수가 많아 젊은 직장인들이 일찍 욕심내기에는 위험이 따른다. 성급하게 진행하기보단 천천히 시간을 두고 철저한 준비부터 하는 것이 중요하다. 혹시 도움이 될까 싶어 이 부분을 짚고 넘어간다.

필자의 경우, 강의·강연 시장에서 어렵게 자리잡아 종종 외부 강의 요청이 들어왔다. 덕분에 강의료를 모을 수 있었다. 강의료는 아내가 모르는 돈이라 비상금으로 활용하기 좋았다. 참고로 아내는 지금도 강의료를 따로 받는 건지, 수입은 얼마나 되는지 잘 모른다. 월급에 강의료가 포함된 것으로만 알고 있다.

그렇게 강의료로 모은 돈이 300만 원 정도 되면 주식으로 전환하고 다시 강사료를 모으는 방식을 반복적으로 진행했다. 어느 덧 4천만 원 가까이 모았다. 그리고 2004년 5월 어느 날, 국내 굴지의 자동차 회사인 기아자동차 주식을 당시 주당 25,600원에 1,600주를 과감하게 샀다. 당시 기아자동차가 경영이 어려워 주식이 바닥을 치고 있을 때였다. 여러 가지를 검토한 결과, 국내 자동차 회사가 그렇게 많지 않을 때였으니 국가에서 부도나도록 둘 것 같지 않았다. 그래서 과감하게 샀던 것으로 기억된다. 결과에 대해서는 4장에서 상세하게 다루고 있으니 확인하시기 바란다.

급여 이외의 수입 원천을 만드는 것에 스트레스를 받을 필요는 없다. 재테크라고 하면 대부분은 크게 시작하는 것만이 답인 줄 알고 있지만 적게나마 일단 시작하는 것이 중요하다.

후배 직원에게 비밀통장을 만들도록 권유한 적이 있었다. 회사에서 당직비를 받으면 무조건 통장으로 입금하라고 가르쳐 주었다. 1회 당직비를 5만 원 받던 시절이었으니 매월 2회만 당직근무를 서면 10만 원, 1년이면 120만 원이었다. 그 돈으로 삼성전자 주식을 사라고 했다. 그리고 다시 1년을 모아 주식을 사는 방식으로 재테크를 시켰다. 현재는 지방에서 근무를 하고 있는 후배라 재테크 결과를 알 수는 없지만 그 후배의 계좌에 삼성전자 주식이 얼마나 있을까 궁금하다.

급여 이외의 수입이 있으면 더욱 좋겠지만 그게 안 될 경우에는 급여의 10%를 활용하여 계속 실천하는 것이 중요하다.

큰 금액을 장기 적금에 넣는 분들을 종종 본다. 하지만 적금은 너무 오랫동안 가져가지는 말자. 오히려 짧은 기간 동안 목돈을 만들어 활용하는 것이 더 좋지 않을까? 물론 취향에 따라 다르겠지만 성향에 비추어 어떤 것이 유리한지 확인하는 것이 재테크의 시작이다. 아내 몰래 비상금 3억 모으기도 30만 원씩을—초창기 강사료가 30만원이었다.—적립하면서부터 시작되었음을 기억해 주기 바란다.

【아내 몰래 비상금 3억 모으기】는

1톤의 생각보다는 1그램의 실천으로 만든 결과물이다.

-실천하지 않고 생각만으로는 아무것도 이루어지지 않는다.-

Step3

맞춤형 재테크 포트폴리오를 가져라

재테크의 시작은 비상금 마련부터

| 소박한 버킷리스트, "폼 나는 할아버지"

한참 전에 개봉되었던 영화 〈버킷리스트〉는 잔잔한 감동과 따뜻함을 전해 준 영화였다. 이 영화로 인해 한때 버킷리스트에 대한 광풍이 일기도 했었다. 얼마나 실천하고 이루었는지 모르지만....

가난하지만 한평생 가정을 위해 헌신하며 살아온 정비사 '카터'(모건 프리먼), 자수성가한 백만장자이지만 괴팍한 성격에 주변에 아무도 없는 사업가 '잭'(잭 니콜슨). 공통점이라곤 티끌조차 없는 두 사람이 병원에 입원하면서 극은 진행된다. 두 사람의 유일한 공통점은 오로지 앞만 보고 달려온 인생과 그 끝이 얼마 남지 않았다는 것뿐이다.

그러던 어느 날 무언가를 메모지에 작성하고 있던 '카터' 에게 백만장자였던 '잭'이 함께 모험을 떠나보지 않겠냐는 제안을 한다. 가족을 위해 한평생 희생하고 소박한 삶을 살아온 '카터'는 마침 메모지에 살면서 해 보고 싶었던 소원을 하나씩 나열해 버킷리스트를 만들고 있었다.

1. 장엄한 광경 보기, 2. 낯선 사람 도와주기, 3. 눈물날 때까지 웃기, 4. 무스탕 셀비로 카레이싱, 5. 최고의 미녀와 키스하기, 6. 영구문신 새기기, 7. 스카이다이빙, 8. 로마, 홍콩 여행, 피라미드, 타지마할 보기, 9. 오토바이로 만리장성 질주, 10. 세렝게티에서 호랑이 사냥

나에게도 버킷리스트가 있다. 은퇴하면 진심으로 폼 나는 할아버지가 되고 싶었다. 딸이든 아들이든 결혼해서 손자, 손녀가 생기면 그 아이들에게 뭐든 해 줄 능력이 있는 할아버지가 되기를 꿈꿨다. 아이들과 여행도 함께 가고, 백화점으로 데려가 아이들이 고르는 것이면 뭐든 척척 사줄 수 있는 할아버지. 나에게 비상금은 그런 버킷리스트를 위해 필요했던 것이다.

이것이 바로 아내 몰래 비상금 3억 모으기의 출발이기도 하다.

| 어머니의 지혜

누구나 피땀으로 얼룩진 비상금과의―비상금으로 일정 금액을 만들기까지의 노력은 그만큼 힘들다는 의미다.―전쟁을 치러 본 경험이 한두 번쯤은 있을 것이다. 그리고 힘들게 모은 비상금을 비밀 장소에 숨겨놓고 혹시나 발각될까 봐 마음 졸인 적도 물론 있으리라. 그러나 어린 시절 세뱃돈을 빼앗기지 않으려는 아이들의 눈치작전과 아내로부터 비상금을 지키기 위한 남편들의 007작전에서 이기는 자는 언제나 숨기는 자가 아니라 뺏으려는 자였다. 모조리 빼앗기고 마는 것이 비상금이 아니던가?

남녀노소를 막론하고 어떠한 형태로든 비상금을 가지려고 노력한다. 그리고 그에 못지 않게 비상금을 지키기 위한 노력도 기울여야만 한다. 언젠가 사람들이 비상계좌를 많이 이용하고 있다는 뉴스 보도를 본 적이 있다. 비상계좌를 이용하는 사람 중 남성은 65%, 여성은 35%로 여성에 비해 남성이 비상계좌를 더욱 많이 이용하고 있는 것으로 나타났다.대부분의 가정에서 여성들이 경제권을 쥐고 있는 것이 현실이기 때문에 남성들의 비상금 전쟁이 여성에 비해 많을 수밖에 없다는 것을 유추할 수 있다.

그러나 나는 어린 시절에 어머님의 비상금 전쟁을 목격한 바 있다. 그때만 해도 어머님과 단둘이 시간을 보낼 때가 많았다. 어머님은 옆집 일을 돕거나 마을단위 공사판이 벌어지면 빠짐없이 참여해 벌어 오신 돈을 꼬박꼬박 모으셨다. 없는 집안에서 돈은 더 귀한 법, 돈을 숨겨 두는 방법은 아무도 어머님을 따라갈 수 없었다. 그러나 경험에 비추어 보면 비상금은 어떻게든 다른 사람들에게 발각되고 만다. 그리고 그 비밀스런 장소를 알아낸 것은 다름아닌 나였다. 우연히 어머님의 베개를 만졌는데 부스럭하는 소리가 들리는 바람에 첫 번째 발견이 이뤄졌다. 또 습기 때문에 장판을 들었는데 거기에 놀랍게도 천 원짜리 지폐가 몇 장이나 깔려 있었던 적도 있었다. 우리 어머님은 주로 베개커버 안이나 방바닥의 장판 밑에 돈을 숨겨 두셨던 것이다. 정말 상상도 못했던 장소들이었다. 어머님들의 자금관리에 대한 지혜가 돋보이는 부분이 아닐까 싶다.

지금에야 밝히지만 어머님께서 목숨같이 숨겨 두셨던 비상금 중 천 원짜리 지폐 1장을 슬쩍한 적이 있다. 태어나서 처음으로 시내 구경을 가기로 한 친구들과의 약속을 지키기 위해서였다. 당시만 해도 천 원은 비교적 큰돈이었기에 어머님이 없어진 걸 모르실 리 없었다. 그렇다고 "내가 그랬다"고 이야기 할 상황도 아니었고 시치미 뗄 수밖에 달리 방법이 없었다. 어머님은 왠지 다 알고 계실 것 같아 마음 졸이며 어머님의 처분을 기다리고 있었다. 하지만 어머님은 내가 그랬다는 걸 끝까지 모른척해 주셨고 자신의 계산 착오로 일단락 지으셨다. 지금까지도 두고두고 죄송한 마음과 함께 양심의 가책으로 남아 있다. 솔직하게 쓰고 나니 이제라도 마음이 한결 편하다. "어머님, 그때 천 원은 제가 가져갔습니다. 죄송합니다!"

| 비상금, 어디 숨기십니까?

세상의 모든 아내들은 남편 일에 관해서는 귀신이다. 특히 남편들의 돈 냄새를 맡는 데는 특히 뛰어난 능력을 보인다. 남편이 비상금을 어디에 숨기든 척척 찾아내어 기어이 자신의 주머니로 집어넣고 만다. 아마도 아내들은 그 재미로 남편의 비상금을 기를 쓰고 찾아내는지 모른다.

아내는 내 방 서재를 좋아한다. 비상금을 숨길 만한 곳이 딱히 없어서 책 속에 숨기는 것을 좋아하는 내 성격을 잘 알아서다. 특히 책꽂이에 꽂혀 있는 책 중 약간 너덜너덜해진

책을 집중적으로 파고들어서 그 속에 숨겨진 비상금을 끝까지 찾아낸다.

친구 중에 한 녀석은 비상금을 숨기는 데에 일가견이 있다. 자기 아내가 싫어하는 고등학교 앨범 속에 숨겨두면 절대로 들키지 않는다며 한번 해 보라고 권하기까지 했다. 친구 아내는 고등학교 때 살이 약간 찐 편이었기 때문에 그때 찍은 사진은 모조리 불태워 버렸는데 고등학교 앨범은 버리지 못하고 보이지 않는 장소에 숨겨뒀다고 했다. 그것을 아는 친구는 아내의 약점을 이용해 비상금을 숨기는 장소로 활용하고 있는 것이다. 사실은 이 방법도 하수들이 주로 선택하는 방법이다.

남편들의 비상금 숨기는 수준에 따라 고수, 중수, 하수로 나뉜다는 이야기를 들어 본 적이 있는가. 하수에 속하는 사람의 비상금은 항상 아내의 몫으로 돌아가고, 중수에 속하는 남편은 비상금을 지켜낼 확률이 50% 정도, 고수는 비상금을 100% 완벽하게 지켜낸다.

① **하수**(비상금을 못 지켜내는 낮은 수준)

하수는 거의 나 같은 사람들이 해당되며 비상금을 모으는 족족 아내에게 몽땅 빼앗기는 사람들이다. 비상금을 숨기는 장소가 집 안으로 한정되며 특히 아내가 싫어하는 장소에 보관한다. 주로 등산장비, 낚시도구, 전기 콘센트, 스위치 내부, 컴퓨터 본체 내부, 공구세트, 성형 전 아내의 앨범 등 어딘지 모르게 어설프고 유치하기 짝이 없는 방법이다. 아내가 싫어하는 장소인 것 같지만 남편의 그런 심리를 잘 알고 있는 아내는 역으로 자신이 싫어하는 장소가 바로 남편이 비상금을 숨길 만한 곳이라고 생각하고 그곳을 집중 공략한다.

② **중수**(비상금의 50%만 지켜내는 중간 수준)

아내에게 발각되는 것이 두려워 비상금을 집 밖에 숨긴다. 아내의 손길이 거의 미치지 못하는 장소로 회사 서랍, 차 트렁크 깊은 곳, 차량 공구, 스페어 타이어 속 등이 여기에 속하며 회사 서랍 정도면 손길이 미치기 어렵지만 차량에 보관하는 것도 귀신같은 아내에게 거의 발각되고 만다. 그러나 비상금의 50%는 지켜내는 수준이라 남편들이 그런대로 선호하는 방법이다.

③ **고수**(비상금을 당당하게 지켜내는 높은 수준)

고수는 그냥 고수가 아니다. 은행 금고에 비상금을 보관하며 100% 지켜낸다. 금융실명제 이후 본인 이외에 금융거래 사항은 절대비밀이기 때문에 당당하게 비상금을 관리한다. 그리고 은행의 숨김서비스를 이용하여 은행거래를 철저하게 비밀로 해주는 제도를 활용하는 것도 좋은 방법이며 차명으로 거래하는 방법도 있긴 하지만 이 방법은 법적 분쟁이 일어날 소지가 있기 때문에 위험하다는 것을 명심하자.

비상금은 반드시 필요하다. 특히 은퇴 후 남자들에게 비상금이 없으면 곤란한 일이 많다. 어찌 보면 비상금은 남자들에게 있어 노후의 생존자금일지도 모른다. 그러니 어느 정도의 비상금을 마련하기 위해 노력하자. 비상금 숨길 곳이 마땅치 않다면 들킬 염려 없는 금융기관을 당당하게 이용해도 좋다. 어디에 숨길까 고민하는 시간에 어떤 방법으로 한 푼이라도 더 모을지를 고민하는 것이 훨씬 생산적일 것이다.

【아내 몰래 비상금 3억 모으기】는

아내와의 치열한 비상금 전쟁에서 일궈낸

값진 승리의 결과물이다.

-작지만 목숨보다 소중한 비상금을 지키는 것은

생존을 위한 몸부림이다.-

아내 몰래 비상금 3억 모으기 포트폴리오

| 연금저축: 시작은 권유로, 결과는 알차게

매월 넣고 있는 적금형 저축들은 억지로 시작한 경우가 많았다. 은행에 다니는 친구들이 실적 때문에 부탁할 때마다 안타까운 마음에 적금 통장을 개설해 주곤 한 것이다. 중도해지를 싫어하는 성격 탓에 끝까지 불입한 것이 나중에는 목돈이 되어 있었다.

처음에는 자유적금으로 시작해 1년간 모인 목돈으로 주식을 사는 방식의 재테크를 했다. 하지만 주식만으로 3억을 모은다는 것은 위험해 보였고, 은퇴가 가까워지고 있는 시점에서 장기적으로 재테크를 해야겠다는 생각이 들어 일부를 연금저축의 장기 적금형식으로 전환했다. 현재 연금저축은 재테크 포트폴리오의 25%를 차지하고 있다.

사실 일반 직장인들은 공무원이나 교원, 군인, 사학재단 등에 근무하는 사람에 비해 연금에 대하여 취약한 부분이 있다. 오로지 국민연금에만 기대하는 것은 위험천만한 일이다. 세금혜택도 누리면서 국민연금과 더불어 은퇴 후에 연금형식으로 받을 수 있는 장치를 해 둔다면 좋은 재테크가 되리라 믿는다. 필자 역시 그런 이유로 적금보다 연금저축을 선택하게 됐다. 연금저축은 다음과 같은 장점이 있다.

첫째, 사람의 기대수명이 늘어나고 있지만 경제활동을 할 수 있는 나이에는 제약이 있다. 연령대가 높아지더라도 계속해서 소득이 필요하지만 실제로는 그럴 수 없는 상황이 많은 것이다. 그래서 노후를 생각한다면 일시불로 수령할 수 있는 적금보다 연금으로 수령할 수 있는 연금저축이 더 적합할 것으로 보인다. 둘째, 연금저축은 절세상품으로 자신이 내야 하는 세금 중 일부 금액을 공제해 준다. 소득이 4천만 원 이하인 자가 연금저축을 하게 되면 연간 400만 원 한도 내에서 16.5%인 66만 원까지 세금을 공제해 준다. 4천만 원 이상인 자는 13.2%인 52.8만 원의 세금을 공제받을 수 있다. 세액을 직접 공제해 주기 때문에 경제적으로 이득이 된다. 마지막으로 저축성 기능도 가지고 있으면서 운용 방식을 선택할 수 있는데, 신탁상품과 펀드상품으로 나뉘어져 있다. 신탁상품을 선택하면 이율이 조금 낮은 대신 원금 보장이 가능하고, 펀드상품을 선택하면 원금 손실이 있을 수 있지만 주식 투자와 같은 효과를 거둘 수 있다는 특징이 있다.

나의 경우 주로 은행을 통해 가입했기 때문에 신탁상품으로 2011년과 2015년에 각각 1구좌씩 개설했다. 그때는 어느 정도 현금 흐름이 좋아 충분히 납입할 수 있다는 확신이 들었을 때였다. 은퇴할 때 확인해 보니, 2011년에 시작한 연금저축의 경우 원금만 9천만 원 이상이었다. 2015년에 시작한 것은 지방에 근무하는 친구의 은행지점장 발령기념으로 가입했는데 47회를 넣어 2천만 원이 넘은 상태였다.

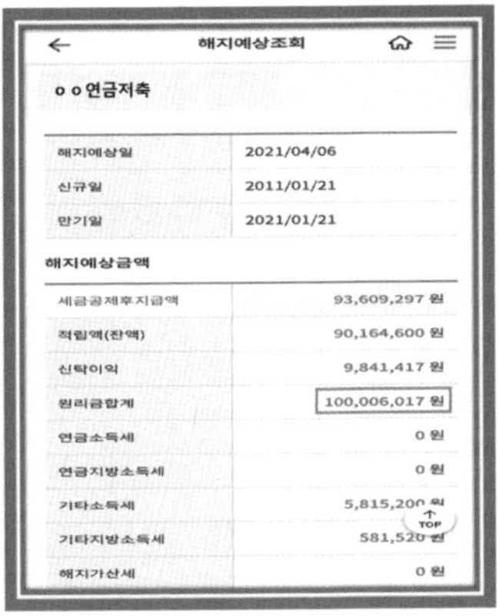

해지예상조회

ㅇㅇ연금저축

해지예상일	2021/04/06
신규일	2011/01/21
만기일	2021/01/21

해지예상금액

세금공제후지급액	93,609,297 원
적립액(잔액)	90,164,600 원
신탁이익	9,841,417 원
원리금합계	100,006,017 원
연금소득세	0 원
연금지방소득세	0 원
기타소득세	5,815,200 원
기타지방소득세	581,520 원
해지가산세	0 원

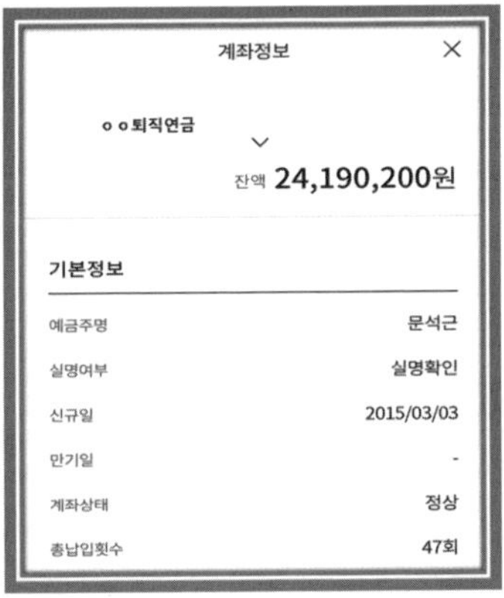

계좌정보

ㅇㅇ퇴직연금

잔액 24,190,200원

기본정보

예금주명	문석근
실명여부	실명확인
신규일	2015/03/03
만기일	-
계좌상태	정상
총납입횟수	47회

보통의 경우, 억지로 시작하면 중도에 그만두는 경우가 많다. 하지만 어려운 시간이 지나고 나면 좋은 시간이 오듯 재테크도 같은 이치라고 생각한다. 스스로 선택하든 누구의 부탁으로 시작하든 끝까지 실천하면 의외의 좋은 결과로 이어질 수 있다.

| 종신보험: 저축과 보장을 보험 하나로

보험에 대한 부정적인 시선들이 많다. 보험은 위험에 대비하기 위해 꼭 필요한 상품이지만, 그 본질적 의미가 변질되면서 보험설계사들이 실적을 위해 가입을 권유한다는 생각 때문에 부정적으로 느끼는 것이다.

2015년 뜨거운 여름날이었다. 지방의 사무소에서 가족과 떨어져 생활하던 중 혼자 사택에서 잠을 자다 다리에 쥐가 심하게 났다. 주말에 무리하게 산에 올랐던 것이 원인인 듯했다. 그러다 문득 '갑자기 내가 아프거나 나쁜 일을 당하면 어떡하지?', '우연한 사고를 대비해서 가족들을 위해 준비해 둔 게 있었나?'하는 생각들이 머리를 스쳤다. 아무리 생각해도 특별히 준비해 둔 것이 없었다.

그 후에는 심하게 쥐가 나거나 위험한 상황이 없어서 그 일을 한참 잊고 지냈다. 그러다 어느 날 은행지점장이 전화를 걸어와 요즘은 은행에서도 보험 상품을 취급한다며 방카슈랑스에 대한 설명을 했다. 얼마 전 일을 떠올렸다. 그리고 앞뒤 계산할 것 없이 연금형식의 종신보험에 가입했다. 은퇴할 때까지 5년을 넣어 종신토록 보장받을 수 있고, 납입한 돈은 나중에 연금으로 받으면 좋을 것 같았다.

보험료 납입 증명서

* 기본사항

계약자성명(계약단체명)	문석근
주민등록번호(사업자등록번호)	6*****
주 소	경기

* 보험계약사항 (단위: 원)

상품명 / 증권번호	계약일자 / 만기일자	보험료 납입액	중도인출액	비 고
ㅇㅇ종신보험	2015-08-31 / 9999-12-31	60.720.000	0	
합 계		60.720.000	0	

현재 필자의 재테크 포트폴리오에서 종신보험은 전체의 15%를 차지하고 있다. 그런데 언젠가 동료 중 한 사람이 포트폴리오에 보험 상품이 들어있는 것을 보고 놀라는 눈치였다. 그리고는 “보험보다는 다른 예금상품이나 주식의 비중

을 늘리는 것이 좋지 않겠냐?"는 이야기를 던졌다. 어찌 보면 그것이 옳은 재테크 방법일 수 있다. 하지만 미래의 불확실성과 불의의 사고에 대비하는 측면에서 보면 보험 상품이 유리하게 작용할 수 있다고 생각했다. 종신보험을 선택할 때 저축과 보장을 하나로 잡겠다는 것이 목표였다. 그렇게 시작한 것이 어느새 만기가 되어 6천만 원이 넘는 잔액을 모을 수 있게 됐다. 나중에 연금형식으로 수령해도 되는 상품이기에 종신토록 보장 받으면서 연금까지 수령할 수 있다니 그야말로 일석이조가 아닌가?

| 주식: 파는 것이 아닌, 사서 기다리는 것

경제 TV를 보면 전문가들이 나와서 이상하게 생긴 막대기 모양의 차트를 분석하며 투자자들을 현혹한다. 마치 차트가 요술방망이라도 되는 것처럼 "곧 급등이 나올 징조다. 지금이 투자의 적기다."라는 말을 쉽게 한다. 나는 이 분들을 차티스트Chartist라고 부른다. 그러나 중요한 건 전문가들이 추천해 주는 종목을 사면 바로 나락으로 떨어지는 경우가 많다는 것이다.

잃어버린 투자금은 누가 책임을 지는가? '투자로 인한 원금 손실은 오로지 투자자의 책임입니다'라는 자막을 투자자들은 잘 보지 않는다.

주식은 우측으로 상향하는 속성을 지니고 있다. 물론 중간에 오르막도 있고 내리막도 있을 수 있다. 하지만 장기적으로 보면 우측으로 상향하는 것이 분명하다. 이 말은 좋은 주식을 잘 골라 오랜 기간 보유만 하면 주식 투자로 성공한다는 의미다. 대부분의 개미들은 간단한 원리를 이해하지 못하고—설령 이해한다고 해도 기다리지 못해서—주식을 팔아 버린다.

이상하게 주식은 매입하면 내리는 특성을 가지고 있다. 대부분 경험해 봤을 것이다. 주식이 눈 달린 생물도 아닌데 매입하는 순간 기다렸다는 듯이 내려간다. 주식이 내려가면 가격표의 숫자는 파란색으로 변한다. 개미들은 파란색을 공포의 색이라 인식해 버리는 경향이 있다. 파란색의 공포 속에서 '주식이 나랑은 안 맞나?'부터 시작해 별의별 생각을 하게 된다. 심지어 자신의 투자실력까지 의심한다. 그러면서 '본전만 되면 팔아 치운다.'라며 다짐하고 또 다짐한다.

기다리면 한줄기 빛이 찾아오듯 원금 회복이 된다. 대부분은 그동안 공포 속에 견디어 낸 자신의 인내심에 감격하며 곧바로 그 주식을 매도해 버린다. 이것이 바로 개미들의 주식거래 형태이다. 혹시 당신도 그렇지 않은가?

문제는 그 다음이다. 앞서 이야기한 것처럼 주식은 분명 생물처럼 눈이 있는 게 틀림없다. 매도하는 순간 갑자기 빨간색으로 바뀌며 상승하기 시작한다. 상승 정도가 아니라 어떤 종목은 상한가까지 날아가 버린다. 그때는 후회해도 소용없다. 이미 게임은 끝난 상황이 아닌가?

그러나 여기서 더 큰 문제가 발생할 수 있다. 매도해 버린 주식이 상승하기 시작하니까 다시 추격 매수 하는 경우가 종종 있다. 대책 없는 추격 매수는 주식 시장에서 위험에 빠지기 쉬운 함정일 수 있다. 이래서 주식 시장에서 개미들이 손해를 보는 것이다.

이 책 곳곳에 강조되어 있는 내용이지만 주식은 장기 투자를 해야 큰 수익을 올릴 수 있다. 그래서 필자는 '주식은 매도하는 것이 아니라 매수해서 기다리는 것'이라 정의 내린다.

필자는 전체 포트폴리오의 60%를 주식으로 구성해 두었다. 현재 총 2개의 증권계좌를 사용하고 있는데, 21년 4월 15일 기준으로 N증권회사의 계좌는 전체 60%의 수익으로 잔액은 134백만 원이고, H증권회사의 계좌 역시 58%의 수익을 내며 잔액 179백만 원이다. 두 계좌를 합하면 313백만 원이다. 뒤에서 더 상세하게 다루겠지만 K자동차로 200%, S바이오로 135%, K플랫폼기업으로 200~500%, 그 외 다수의 종목으로 30~50% 이상의 수익을 올렸다.

순자산			133,909,997
손익	50,036,100	D+2 예수금	3
수익률	59.67%	평가금액	133,888,100
종목명	평가손익	잔고수량	매입가
구분	수익률	평가금액	현재가
S전자	695,600	59	63,110
현금	18.68%	4,419,100	74,900
N플랫폼	-150,500	43	397,500
현금	-0.89%	16,942,000	394,000
K플랫폼	50,475,000	750	65,200
현금	103.22%	99,375,000	132,500
S배터리	-984,000	48	294,500
현금	-6.97%	13,152,000	274,000

문석근		
실평가손익합	65,652,152	58.39%
실현실수익금	0	0.00%
자산증감금액	24,428,600	15.83%

총자산	
총평가금액	순자산금액
178,690,538	178,690,538
유가평가금액	전일 순자산 금액
178,682,000	154,261,938

그렇다고 주식천재라는 이야기가 아니다. 천재는커녕 주식차트의 '차'자도 모르며 주식거래를 하는 초보일지 모른다. 그럼에도 수익을 낼 수 있었던 것은 순간순간을 넘기며 오랜 시간을 참고 기다렸기 때문일 것이다. 사실 은퇴 전에는 증권 회사 직원들이 계좌를 관리해 줬지만 현재는 종목 선택에서 매매에 이르기까지 직접 처리하고 있다.

이때 나만의 원칙이 하나 생겼다. 바로 '주식은 특별한 일이 없으면 매도하지 않으며, 장기적인 관점으로 보유하는 것'이라는 원칙이다.

그렇다. 다시 한 번 강조하지만 "주식은 함부로 매도하면 안 된다. 기다릴 줄 모르면 절대 주식에 손을 대서는 안 된다."

【아내 몰래 비상금 3억 모으기】는

계획적인 재테크 포트폴리오의 결과물이다.

-계란은 절대 한 바구니에 담으면 안 된다(위험의 분산).-

주식은
적금처럼 하라

| 십일조를 내는 사람들

1986년 1월 31일. 그 날은 필자가 결혼을 한 날이다. 그때 겨우 23살이었다. 부모님께 결혼 15일 전에 결혼식 날짜를 알려드렸더니 우리 어머님께서 나더러 '미친 놈'이라며 결혼식에 안 오시겠다고 노발대발하셨다. 4년을 힘들게 다닌 대학을 거의 마치고 졸업을 앞둔 상황이라 그간 고생하신 어머님 입장에서는 충분히 그럴 수 있다 싶었다.

형님과 누나들은 더 심했다. 아예 결혼식 보이콧을 선언하며 혼자 결혼식을 치르라는 엄포까지 놨다. 그러나 결혼식은 예정대로 할 수밖에 없는 상황이었다. 자그마한 교회 예배당이 결혼식장이었는데 6개월 넘게 투자해 세례를 받은 곳이었다. 처가식구들은 물론 목사님과도 이미 교회에서 결혼식을 올리기로 약속되어 있었다. 그러나 대학 졸업도 하지 않은 놈이, 그것도 불교 신자가 교회에서 결혼을 한다고 하니 가족들 입장에선 난리가 날 만도 했다.

처가는 보통의 교인 집안이 아니었다. 집사람은 모태신앙, 처가 어른들은 대부분 교회에서 주는 직함을 가지고 있었다. 목사님이 세 분, 장로님 몇 분, 집사님과 권사님은 최하 말단이었다. 집안 분위기가 그렇다 보니, 결혼 조건이 '교회에서 세례를 받는 것'이었던 것은 어찌 보면 당연한 수순이었을지도 모른다. 할 수 없이 세례를 받기로 하고 교회에 등록해 6개월을 다녔다. 누구든 세례를 받으려면 6개월간 교회를 다녀야 한다는 것이 교회의 방침이었다. 하지만 그 방침이 맞는지 확인은 해 보지 않았다.

매주 일요일, 여지없이 교회를 가야 했다. 주일 예배 중에서도 11시에 예배를 시작해 12가 넘어서야 끝나는 메인 예배에 참석해 찬송가도 따라 부르고 성경책도 읽으며 열심히 기도했다. 그때는 오로지 장가를 가야 하니까 장모님께서 시키는 대로 할 수밖에 없는 상황이었다.

목사님 설교를 마치고 예배가 거의 마무리될 시간이면 여지없이 헌금 주머니가 내 앞으로 도착했다. 장모님은 집을 나설 때 성경책을 손에 쥐어 주셨는데 항상 성경책 속에는 천 원짜리 지폐 2장이 들어 있었다. 처음 성경책을 주시면서, "교회에서는 십일조를 내야 해. 십일조는 하나님께 감사하는 마음으로 자신의 수입 중 10%를 헌금하는 걸 말하지. 하지만 자네는 아직 수입이 없으니까 십일조가 아닌 주일 헌금으로 대신하면 돼. 성경책 속에 있는 지폐를 내면 된다네."라고 말씀하셨다.

그런데 주일 헌금시간만 되면 마음속에서 갈등이 생겼다. 성경책 속에 지폐 1장만 들어 있었다면 갈등하지 않고 지폐를 냈을 텐데, 장모님은 늘 지폐를 2장씩 넣어 두셨다. 처음 몇 번은 2장을 다 냈다. 그게 도리인 것 같았다. 하지만 하나님에 대한 믿음이 부족했던 탓인지, 자꾸 다른 마음이 들었다. 당시만 해도 천 원이면 하루 데이트 비용으로 충분했기 때문에 지폐 1장을 슬쩍해서 아내될 사람과 데이트 비용으로 쓰면 좋겠다고 생각했던 것이다. 결국 아내와 의논해서 6개월간 장모님의 헌금 중 반을 데이트 비용으로 사용했다. 그런 걸 보면 모태신앙인 아내의 믿음도 그리 크지는 않았던 것 같다. 우리 장모님만 이 사실을 모르고 계셨다. 아직도 나는 장모님이 살아 계신다면 꼭 물어보고 싶다. "장모님, 그때 헌금을 왜 2천 원이나 주셨습니까?"

그때 당시 헌금으로 매주 2천 원, 한 달이면 8천 원에서 1만 원 정도를 냈다. 삼성전자의 상장일이 1975년 6월 11일, 액면가는 1,000원이었다. 하지만 1986년에도 거의 1,000원 수준을 벗어나지 못했던 것으로 나타났다. 결국 헌금한 돈을 주식으로 계산하면, 매월 헌금으로 삼성전자 주식 8~10주를 낸 것이 된다. 그리고 현재는 1/50로 액면분할을 했으니까 매월 40주~50주, 바꾸어 말해 학생 신분으로 현재 가치 400만 원 정도를 헌금으로 낸 것이다. 세례를 받기 위해 6개월간 교회에 나갔으니 총 2,400만 원을 헌금한 것이나 다름없다.

이런 방식으로 계산하면 십일조로 매월 급여의 10%를 헌금으로 내는 신도들은 지금까지 교회 헌금으로 얼마를 낸 걸까? 물론 신앙심과 돈을 비교한다는 것 자체가 무리일 수 있다. 우리 장모님께서 들으신다면 하늘에서도 이런 태도에 화를 많이 내실지도 모르겠다. 앞으로 기회가 되면 매월 수입액의 10%는 십일조로, 10%는 우량주식에 투자하는 지혜를 가져야겠다. 다음에 소개하는 최원호 선생님처럼……

ㅣ 충분한 종잣돈을 준비하라

예전에 어느 재테크 강사가 종잣돈의 중요성에 대하여 이야기했다. “사업이나 투자를 하려면 종잣돈이 필요하다. 종잣돈 없이 사업이나 투자를 구상하는 일은 사상누각에 불과하다. 재테크의 시작은 종잣돈 마련부터다.”라고 강조하였다. 재테크 전문가들이 말하는 종잣돈은 투자를 위해 마련한 목돈을 말한다.

종잣돈(목돈)의 중요성에 대하여 설명할 때는 ‘은행나무 군락지가 형성된 과정’을 설명하면 이해하기 쉽다.

경주시 서면 도리에 은행나무 군락지가 제법 크게 형성되어 가을이면 이곳을 찾는 관광객이 줄을 잇는다. 경주시청에서도 은행나무 군락지를 보호해 가며 관광객 맞이에 힘쓰고 있다.

이곳 은행 군락지는 과거 땅주인이 맹지를 사서 딱히 심을 작물이 없어 은행나무를 심어 묘목으로 팔 생각이었다고 한다. 그러나 묘목으로 자라도 팔리지 않자 그냥 두었다는 것이다. 그렇게 시간이 흘러 자연스럽게 은행나무 군락지가 형성되었다고 전한다.

그런데 군락지는 원래 은행나무를 심었던 땅에 비해 그

면적이 훨씬 넓었으며, 추가로 주변 두 군데에 군락지가 더 형성되어 있었다. 추측하자면, 은행나무에서 떨어진 은행이 바람에 날리거나 굴러가서 새로운 은행나무가 자랐고, 점점 면적이 넓어지면서 군락지가 형성된 것이 아닐까 싶다. 결국 지금처럼 마을 전체가 은행나무 군락지가 된 것이다.

재테크에서 씨앗이 되는 돈을 종잣돈이라 한다. 매달 10만 원이 모이면 1년에 120만 원의 종잣돈이 된다. 그리고 이 돈으로 주식을 사든, 땅을 사든 어딘가에 투자해야 한다. 종잣돈이 있더라도 투자하지 않으면 그건 그냥 저금에 지나지 않는다. 이 작은 돈의 씨앗을 어딘가에 투자해서 수익을 올려야 한다. 그 수익들이 모여 큰 부자로 만들어 줄 것이다. 결국 큰 부자가 되기 위한 시작점에서 꼭 필요한 것이 바로 종잣돈이다. 그것이 큰 금액이든 적은 금액이든 상관없다. 무언가를 이루려면 일단 시작(투자)해야 한다는 것을 잊지 말자.

아내 몰래 비상금 3억 모으기에 대한 책을 써야겠다고 마음을 먹었을 때 이 책의 독자가 젊을수록 더 좋겠다는 생각을 했다. 필자가 40대 초반일 때는 투자로 성공적인 결과를 얻을 수 있을까 고민하다가 시간을 허비했는데, 조금이라도 젊을 때 시작한다면 더 빨리 더 좋은 결과를 얻을 수 있었을 것이라 생각하기 때문이다.

필자는 처음 투자를 시작할 때, 목표금액을 3천만 원으로 정했었다. 그때가 2004년이었으니 3천만 원은 결코 적은 금액이 아니었다. 힘들게 느껴졌지만 꼭 이루고 싶었다. 포기하지 않고 1년 동안 종잣돈을 모아 좋은 주식에 투자했다. 그리고 또 적은 금액으로 모으기 시작해 목돈을 만들었다. 가끔은 실패하기도 했지만 결국 목표했던 3천만 원을 모았다.

3천만 원을 모으기로 했을 때 성공 확률을 1/2 정도로 예상했다. 지금까지 해 왔던 주식 투자 역시 성공 확률이 1/2 정도였기 때문에 '과연 성공할 수 있을까'하는 의구심이 들었던 것도 사실이다. 하지만 3천만 원을 내 손으로 모았다는 것 자체가 매우 큰 하나의 성과라는 생각이 들었다. 저절로 다음 목표에 대한 성공 예감이 커지고 있었다.

3천만 원을 만들었을 때가 2007년이었으니까 정확히 14년이 지난 2021년 '아내 몰래 비상금 3억 모으기' 프로젝트를 기적처럼 성공하게 됐다. 그리고 그 기적은 바로 '복리가 만들어 준 마법'으로 인해 이뤄질 수 있었다고 생각한다. 이 장에서는 나의 포트폴리오에서 가장 큰 부분을 차지하고 있고, 또한 많은 독자들의 큰 관심을 받을 것으로 예상되는 '주식의 복리효과'에 대하여 알아보고자 한다.

| 눈뭉치가 눈덩이가 되는 주식의 조건

주식 전문가들은 주식의 복리효과에 대하여 너무 쉽게 이야기한다. 마치 주식 투자를 하기만 하면 복리효과를 낼 수 있는 것처럼 말이다. 그러나 주식 시장에서 복리효과를 내는 것은 쉬운 일이 아니다. 복리효과를 올리려면 반드시 조건이 있다는 것을 명심해야 한다.

복리는 단순하게 계산하면 아래 표와 같다. 매월 3%의 수익을 낸다고 가정하면 2,000만 원이 10년 후엔 정확히 6억

복리 계산표(월3% 수익)

개월	1	6	12	18	24	30	36
만원	2,000	2,319	2,768	3,306	3,947	4,713	5,628
개월	42	48	54	60	66	72	78
만원	6,720	8,024	9,581	11,440	13,660	16,311	19,476
개월	84	90	96	102	108	114	120
만원	23,256	27,768	33,156	39,590	47,273	56,446	67,400

7천4백만 원이 되는 것이다.(원금 기준 33.7배) 이 경우 10년 동안 단 한 번의 실패도 없이 매입한 주식이 매월 3%씩 올라야 한다는 의미다.

그러나 주식 투자로 그런 일이 발생하는 것은 로또복권에 당첨되는 것보다 힘든 일이다. 그렇다고 불가능하다는 이야기는 아니다. 예를 들어 삼성전자 주식의 경우 1997년 우리나라 외환위기가 왔을 때 주가는 겨우 3만 원 정도였다. 하지만 2018년 삼성전자 주식가격은 액면분할(삼성은 1/50로 액면분할=5,000원 주식을 100원으로 분할) 이전에 3백만 원을 넘겼다. 1997년 삼성전자 주식에 1억 원을 투자했다면 2018년에 100억으로 증가했다는 의미가 된다. 복리효과로 나타나는 수익 33.7배보다 훨씬 큰 수익을 올릴 수 있었던 것이다.

하지만 주식 시장에는 삼성전자만 있는 것이 아니다. 삼성전자 같은 주식만 있다면 주식 투자는 식은 죽 먹기나 다름없다. 묻지도 말고 삼성전자 같은 주식을 사기만 하면 되니까 이보다 쉬운 일이 어디에 있나? 하지만 주식 시장에는 별의별 주식이 다 있다. 보유 주식이 어느 날 휴지 조각이 될 수도 있고 하루만에 30%씩 까먹을 수도 있는 것이다.

그렇다면 삼성전자와 같이 복리효과를 거두려면 어떻게 투자해야 가능할까? 다음은 필자의 경험을 바탕으로 정리한 것이다. 참고하면 성공적인 주식 투자에 도움이 될 것이라 믿는다.

【복리효과의 조건】

① 최소 10년, 최대 30년 이상 장기 투자해야 가능하다.

② 반드시 삼성전자와 같은 우량주를 선택해야 가능하다.

③ 일정금액(수입의 10% 이상)을 지속적으로 투자해야 가능하다.

④ 주식 투자로 올린 수익을 우량주에 재투자해야 가능하다.

⑤ 주식 투자로 발생하는 배당금 역시 재투자해야 가능하다.

우량주를 찾는 것은 매우 중요하다. 다행히도 삼성전자 못지않은 주식이 우리나라에는 너무 많다. 좋은 주식(우량주)

복리효과로 인한 주식계좌의 성장

순자산			58,480,549
손익	1,106,700	D+2 예수금	29,849
수익률	1.92%	평가금액	58,450,700
종목명	평가손익	잔고수량	매입가
구분	수익률	평가금액	현재가
S전자	224,700	207	48,014
현금	2.26%	10,163,700	49,100
K플랫폼	150,000	100	159,000
현금	0.94%	16,050,000	160,500
L배터리	225,000	50	322,000
현금	1.39%	16,325,000	326,500
S바이오	507,000	195	79,000
현금	3.29%	15,912,000	81,600

(2020년 4월 14일 잔액)

순자산			86,850,900
손익	8,482,300	D+2 예수금	4,100
수익률	10.82%	평가금액	86,846,800
종목명	평가손익	잔고수량	매입가
구분	수익률	평가금액	현재가
I소재	132,300	9	40,500
현금	36.29%	496,800	55,200
N플랫폼	2,350,000	100	291,000
현금	8.07%	31,450,000	314,500
K플랫폼	6,000,000	150	326,000
현금	12.26%	54,900,000	366,000

(2020년 8월 3일 잔액)

순자산			133,909,997
손익	50,036,100	D+2 예수금	3
수익률	59.67%	평가금액	133,888,100
종목명	평가손익	잔고수량	매입가
구분	수익률	평가금액	현재가
S전자	695,600	59	63,110
현금	18.68%	4,419,100	74,900
N플랫폼	-150,500	43	397,500
현금	-0.89%	16,942,000	394,000
K플랫폼	50,475,000	750	65,200
현금	103.22%	99,375,000	132,500
S배터리	-984,000	48	294,500
현금	-6.97%	13,152,000	274,000

(2021년 4월 14일 잔액)

에 대해서는 4장에서 다시 소개하기로 한다. 대신 우량주로 복리효과까지는 아니더라도 복리효과 못지않은 수익을 내고 있는 계좌를 소개하는 것이 도움이 될 것 같아 공개한다.

앞 이미지에서 확인할 수 있듯이 20년 4월 14일자의 계좌에는 잔액이 58백만 원이었다. 이 계좌에서 S전자, L배터리, S바이오를 매매하고 발생한 수익이 적게는 20%, 많게는 300% 이상이었다. 여기서 발생한 수익과 원금을 다시 두 번째 이미지의 I소재와 N플랫폼 주식에 재투자 했다. 그 결과 보는 바와 같이 잔액이 96백만 원으로 늘어났다.

두 번째 이미지의 I소재와 N플랫폼 주식은 여러 가지 사정으로 매매를 했다. 발생한 수익과 원금을 다시 S전자와 N플랫폼, S배터리에 재투자를 했다. 그 결과 세 번째 이미지에는 잔액이 134백만 원으로 늘어나 있는 것을 볼 수 있다.

이처럼 복리로 눈덩이와 같은 효과를 내려면 우량주를 찾아내야 한다. 그리고 우량주는 계속 보유하고 배당으로 수익이 발생하거나 필요에 의해서 주식을 매도하여 발생하는 수익금과 원금으로 또 다른 우량주에 재투자를 하는 방식을 반복해야 된다는 것을 명심하자.

즉 L배터리가 우량주라 판단되어 보유하고 있었다고 해보자. L배터리가 배당금을 지급하기로 결정해 100만 원의 배당금을 받게 된다면 그것을 다시 L배터리 주식이나 다른 우량주에 재투자를 하는 것이다. 그러던 중 L배터리가 갑자기 배터리 부분을 분사하겠다는 발표를 했다. 이 발표는 주가에 상당한 영향을 미칠 요소가 발생한 것이므로 L배터리를 매도해야 할 상황이 된 것이다. 이때 L배터리에 투자되어 있는 원금과 그때까지 발생한 수익금을 요즘 잘나가는 우량주인 K플랫폼에 전액 투자를 해야 복리효과를 거둘 수 있다는 것이다.

| 20년간 삼성전자 주식을 샀다면 벌어지는 일

지난해 11월쯤, EBS교육방송에서 〈아직도 주식을 안 하십니까?〉라는 프로그램에 최원호씨가 출연해 큰 화제가 되었다. 사업 실패로 인해 가족과 월세 6만 원의 반지하 방에서 살며 택시 운전을 하셨던 분이다. 그는 삶의 희망이 없어 보였지만 대한민국 1등 기업 삼성전자 주식에 투자한다면 희망이 있을 것 같다는 생각이 들었다고 한다. 당시 한 주당 2,000원(액면분할가격 40원)에 삼성전자 주식을 매입하기 시작하면서 주식 투자에 눈을 떴다고 한다. 그때가 IMF가

오기 전인 1996년쯤이었으니 다른 사람들은 주식에 관심조차 없을 때였다.

최원호씨는 지하 단칸방에서 주경야독하며 주식 관련 책을 사서 읽기 시작했다. 당시만 해도 사람들이 주식을 잘 모르고 있었기 때문에 단타나 차트 보는 요령이 중요하다는 인식이 지배적인 시기였다. 하지만 최원호씨는 오히려 '주식은 왜 하는가?', '장기 투자의 중요성' 등에 대하여 집중적으로 공부했다.

그리고 선택한 종목이 바로 삼성전자였다. 삼성전자는 기술주다. 기술주는 우수한 기술력을 바탕으로 성장 가능성이 뛰어나다는 것을 그는 이미 알고 있었다고 한다. 그래서 삼성전자 주식을 집중적으로 매수하기 시작했다는 것이다. 당시 우리나라 주식의 주도주는 한전, 포항제철, 은행주, 통신주 등이었는데, 기술주는 삼성전자가 유일했다.

최소 2년, 길게 6년까지 장기적으로 투자해서 주가가 오르면 팔아 부동산으로 전환하는 방식이었다. 현재도 삼성전자를 중심으로 미국 기술주 중심의 ETF에도 투자하고 있다는 그는 이제 부동산과 보유주식을 합해 수십억 원 대의 자산가가 되어 경제적 독립을 넘어 편안한 노후를 보내고 있다고 한다.

60세가 훌쩍 넘은 나이에 크리에이터로서 '힐링 여행자'라는 유튜브를 개설하여 부동산과 주식에 관한 여러 가지 정보를 제공해 주는 활동을 활발하게 펼치고 있다. '힐링 여행자' 유튜브 채널에 들어가 확인한 결과, 현재 구독자 수만 30.3만 명으로 유튜버 활동으로 광고 수입도 만만치 않게 벌고 있다.

최원호씨의 주식 투자 경험을 통해 본 것처럼 우량주 중심의 주식에 20년간 적금처럼 투자를 한다면 복리효과를 통해 결국 큰 부자가 될 수 있다. 최근 젊은층 사이에서도 저금리 시대에 적금보다 우량주에 투자하는 재테크가 큰 관심을 모으고 있다고 한다. 3개월 전부터 직장생활을 하는 아들 역시 K플랫폼기업 주식을 매월 1주씩 사 모으고 있다며 어깨를 으쓱대는 모습에서 우량주 장기 투자의 인기를 충분히 실감할 수 있었다.

다음은 그의 유튜브 채널에서 발견한 글인데, 주식 투자를 하는 사람들에게 많은 생각을 하게 만드는 것 같아 소개한다.

주식도 농사짓듯 하라.
주식도 부동산 투자처럼 해야 한다.
주식을 단순히 사고 파는 투기로
생각하고 투자하기 때문에
복리효과도 누리지 못한다.

-장기투자가 최원호-

【아내 몰래 비상금 3억 모으기】는
비상금 같은 수입을 우량주에 적금처럼 투자한 결과다.

-매월 소량의 투자를 꾸준히 하는 것이 진정한 투자-

우량주에
꾸준히 투자하라

| 변함없는 대표 주식, 삼성전자

'대한민국 주식 시장에는 삼성전자 주식만 있다.' 이 말은 삼성전자가 한국 주식 시장에 상장되어 있는 기업들 중 대표적인 기업임을 표현한 것이다. 실제로 거래량, 거래금액은 물론 외국인 거래량까지 압도적으로 많다. 삼성전자는 1975년 6월 11일 주식 시장에 상장된 후로 글로벌 스마트폰 판매 세계 1위, 반도체 및 디스플레이 부문 세계 선도그룹, 그리고 세계에서 가장 인정받는 기업 중 하나로 성장했다. 한국기업을 대표하면서 코스피를 주도, 더 나아가 한국경제를 대표하는 기업으로 우뚝 선 것이다. 외국인 지분율이 평균 88% 이상을 유지하고 있는 것만 보더라도 주식 시장에서 외국인이 선호하는 국내 대표 기업이 바로 삼성전자임을 알 수 있다.

뿐만 아니라 투자자들이 배당을 노리고 집중 투자하는 종목이기도 하다. 삼성전자는 배당금만 해도 1년에 13조 원 이상으로 투자자들에게는 굉장히 매력적인 기업인 것이다.

그러나 코로나19는 세상을 통째로 바꿔 버렸다. 2020년 3월 19일, 코로나19로 인한 팬데믹Pandemic선언은 주가를 폭락시켰다. 며칠 전까지만 해도 2,200대였던 코스피 지수가 2020년 3월 19일 마감시간 기준 1,457까지 내려가 투자자들을 공포로 몰아갔다. 삼성전자 주가 역시 직전고점이 63,000원에 가까웠던 것이 42,000원대로 30% 넘게 하락했다. 우리나라 대표기업인 삼성전자가 이 정도로 하락했으니 다른 주식의 주가는 어느 정도였는지 상상이 될 것이다. 코로나19는 주식 시장을 집어 삼킬 듯 극도의 공포로 다가왔다.

그러나 주식 시장은 항상 위기 속에 기회가 있었다. 세계를 대표하는 미국의 다우존스, 한국의 코스피 지수를 살펴보면 답이 나온다. 지수는 어떤 상황에서든 우상향 한다는 것을 이미 설명한 바 있다. 물론 중간 중간에 아래로 향하는 굴곡도 있긴 하지만 결국은 우상향 그래프를 그리게 된다. 코로나19로 인한 주가 폭락도 어찌 보면 투자자들에게는 기회였다. 2020년 3월 19일 1,457P를 찍은 코스피는 이후 급등하기 시작해 오히려 코로나19 이전 수준을 훨씬 뛰어넘었다. 1년도 되지 않은 2021년 1월 11일에는 코스피 지수가 역사적 고점인 3,266까지 오르기도 했다.

특이한 점은 다른 주식의 주가가 급등하며 요동칠 때 삼성전자 주가는 4만 원대에 계속 머물러 올라갈 줄 모르고 투자자들을 지치게 만들었다는 것이다. "삼성은 절대 망하지 않는다.", "주식으로 돈 벌려면 삼성에 투자하라"던 삼성전자 예찬론을 비웃기라도 하듯 삼성전자를 제외한 배터리, 바이오, 반도체 분야의 주가가 거의 폭등 수준으로 올랐다. 하지만 삼성전자는 계속해서 횡보하고 있었다. 이때 필자는 주변 사람들에게 삼성전자 주식을 추천했으며 포트폴리오에 삼성전자 주식을 담기도 했었다.

결국 배터리와 바이오는 1년 사이에 주가가 많게는 400% 이상 올랐다. 배터리와 바이오는 시대적 사명에 따라 움직였던 주식이기에 급등할 수밖에 없었다. 테슬라의 등장으로 전기 자동차 열풍이 일면서 전기 자동차 배터리 개발의 필요성이 대두됨으로써 배터리 분야의 주가가 오를 수밖에 없었던 것이다. 또한 코로나19 팬데믹으로 인해 백신이 절대적으로 필요한 상황에서 제약과 바이오 주식이 급등하는 것은 어쩌면 당연한 일이었다.

배터리와 바이오 주가가 급등하는 동안에도 삼성전자는 4만 원대에서 겨우 20% 오르는 데에 그쳤다. 그러나 주식 시장을 단순하게 바라보면 큰 낭패를 당한다. 횡보를 거듭하던 삼성전자 주식은 2020년 10월을 기점으로 급등 양상을 보였다. 그리고 2021년 1월 11일자 한국 증시가 역사적인 고점을 찍었던 날, 가장 뜨거웠던 종목이 바로 삼성전자였다. 당일 장중에 96,800원(종가 91,000원)까지 오르면서 10만 전자시대를 바라보게 했다. 코로나19 영향으로 최저가 42,400원까지 내려갔던 주가가 96,800원으로 오르면서 128%의 수익이 발생한 것이다. 역시 대한민국을 대표하는 주식이라 할 만한 결과였다.

| 2년간의 삼성전자 투자 수익률

초보 투자자들이 가장 선호하는 주식 1위가 바로 삼성전자다. 초보 투자자들에게 주식 시장은 두려움의 상징일 수 있다. 원금을 잃을 수 있다는 사실을 모르고 주식 거래를 시작하는 투자자는 없을 것이다. 초보로서 원금 손실이 두려운 것은 당연한 이치다. 그렇기에 초보 투자자들은 종목 관련 정보를 구하려 노력한다. 그리고 추천하는 전문가들이 많아 삼성전자를 선택하게 되는 것으로 풀이된다.

그렇다면 과연 삼성전자의 평균 수익률은 어느 정도나 될까? 일반 투자자 및 초보 투자자들이 가장 궁금했을 내용일 것이다. 다음 자료는 2018년 1월부터 2020년 1월까지 매수 주기를 달리하여 삼성전자에 투자했을 때의 수익률을 시뮬레이션 분석으로 정리해 본 것이다.

삼성전자 2년간 수익률 분석표

(기간:2018.1~2020.1)

매수 주기	매수 금액	수익	수익률
매일	24,062,350	4,701,650	19.5%
매월	23,985,810	4,778,190	19.9%
매 분기	23,824,720	4,939,280	20.7%

같은 시기, 은행에서 목돈 마련을 위해 가입하는 정기적금의 경우 대부분의 은행이 제시하는 이율은 연 2.5% 정도였다. 이 이율을 토대로 2년간 같은 금액을 주식이 아닌 정기적금에 불입했다고 가정하면 수익률은 1.08%밖에 되지

않는다.

반면, 삼성전자의 수익률 분석표를 살펴보면 수익률 측면에서 가장 유리한 것은 매 분기(3개월)마다 주식을 매입하는 경우로 그 수익률이 무려 20.7%로 나타났다. 매일, 매월 주식을 매입하는 경우에도 19.5%와 19.8%로 수익률 측면에서 크게 차이가 나지 않는다는 것을 알 수 있다.

그렇다면 '분기마다 주식을 매입해야 하나?'하는 의문이 들 것이다. 주식을 매일 매입하게 되면 스트레스 지수가 매우 높아질 수 있다. 매일 매입해야 한다는 부담감과 함께 장 중 최저가를 찾아야 한다는 생각에 종일 주식창을 주시하고 있어야 해 피로감이 발생하기 때문이다. 그렇게 되면 본인의 투자성향이 자칫 투기로 흐를 수 있음을 알아야 한다. 또한 매 분기마다 주식을 매입하는 경우, 매입 시기를 놓칠 가능성이 매우 높다. 따라서 앞에서도 언급했듯이 주식은 매월 일정한 날 적금처럼 매입하는 방법을 권한다. 가급적 월급날로 정해 놓으면 날짜를 놓치는 경우는 드물 것이다. 그리고 그날은 주가가 오르든 내리든 매입하는 것을 원칙으로 정해 두면 주식 매매로 인한 스트레스는 덜하다.

다음 이미지는 삼성전자 수익률 분석의 시뮬레이션과 실제 투자와의 차이가 있을지 몰라 실전 투자를 해 보자는 생각으로 매월 삼성전자(우선주) 주식을 소량으로 산 결과표다. 필자의 경우 우선주를 매입했는데, 삼성전자는 보통주와 우선주의 수익률이 거의 비슷하다는 점을 미리 밝혀 둔다.

삼성전자 실전 투자 수익률

2020년 9월~ 2021년 2월

삼성전자우	664,100	56	62,441
현금	18.99%	4,160,800	74,300

매월 10주씩 월급날과 관계없이 임의로 매입했다. 12월 말 기준으로 배당금이 나왔는데 그것도 삼성전자(우선주) 주식으로 매입했다. 그리고 6개월 정도 경과한 2021년 2월에 수익률을 조회한 것이다. 시뮬레이션 결과와는 1% 정도 차이를 보이고 있지만 거의 일치한다는 것을 알 수 있다.

2년 정도 투자해 안정적으로 그리고 꾸준하게 수익률 20% 정도를 낼 수 있는 투자라면 주식 시장을 적극 공략해 볼만 하지 않은가? 게다가 삼성전자는 50년 넘게 일반 투자자들로부터 가장 안전하다고 평가받고 있는 주식이지 않은가? 이제부터라도 삼성전자같은 '우량주를 골라 매월 일정한 금액으로 적금처럼 투자해 보자'

【아내 몰래 비상금 3억 모으기】는

우량주에 투자해 눈뭉치를 눈덩이로 만들어 낸 결과다.

-복리효과를 내려면 좋은 주식에 매월 조금씩 투자해야 한다-

Step4

주식 투자의 기본 원칙을 지켜라

모든 투자에는
밸런스가 중요하다

| 재테크와 밸런스

밸런스Balance는 우리말로 '균형'을 뜻한다. 균형이란, 사전적 의미로 '한쪽으로 치우치지 않고 고름'이란 뜻을 가진다. 밸런스는 어디에서나 필요하다. 신체, 일과 휴식, 직장과 가정, 인간관계의 밸런스 등 일일이 열거하지 않더라도 밸런스는 모든 일이 지속될 수 있도록 도와준다.

재테크에 있어서 균형Balance은 위험Risk 관리와 수익Profit 측면에서 반드시 고려해야 할 사항이다. 위험이 높으면 수익은 크게 발생할 수 있으나 잘못 관리하면 자산을 몽땅 잃을 수 있다. 반면 위험이 낮으면 자산은 안전하게 지켜질지 모르지만 수익률 저하로 이어져 재테크 수단으로는 적절치 못하다. 따라서 위험과 수익 양쪽을 고려한 적절한 밸런스 유지 전략이 필요하다.

① 주식과 예금의 밸런스

투자에 있어서 가장 위험한 것은 모든 자산을 주식으로만 전액 투자하거나, 주식이 위험하다고 안전 자산인 은행의 예금으로만 투자하는 것이다. 그나마 후자를 선택한다면 원금 손실 없이 안전하게 자산을 지킬 수 있다. 그러나 최근 초저금리로 인해 금리가 거의 제로ZERO 수준이라서 재테크 수단으로서 적절한지 개인투자자들의 고민이 깊어지고 있다.

가장 효율적인 재테크는 적절한 위험을 감수하면서 수익도 어느 정도 올리는 것이다. 거기에 소중한 자산을 안전하게 지킬 수 있는 전략까지 더해진다면 최상이라 할 수 있다. 과거 이자율이 높을 때는 은행의 예금으로 자산을 증식하는 것도 중요한 재테크 수단이었지만 금리가 많이 낮아진 지금은 상황이 다르다. 그렇다면 주식과의 적절한 분배가 필요할 것이다. 주식이 어렵게 느껴진다면 다른 주식에 비해 보다 안전하게 자산을 지킬 수 있는 우량주에 좀 더 과감하게 투자하여 수익률을 높이는 투자 전략도 필요하다고 본다. 앞에서 설명한 삼성전자를 적금처럼 투자하는 방법을 참고한다면 위험을 적절하게 분산하는 좋은 투자를 할 수 있으리라 생각한다.

결국, 리스크는 있지만 수익률이 높은 주식과 수익률은 낮지만 자산을 안전하게 지킬 수 있는 은행의 예금을 적당한 비중으로 유지할 필요가 있다는 것이다. 안전 자산을 늘릴 것인지, 수익률에 도전할 것인지를 고려해 밸런스를 맞추는 투자를 하는 것이 가장 바람직하다.

② 주식과 현금의 밸런스

주식 투자에 어느 정도 자신감을 가지고 있는 사람들조차 현금의 중요성을 인식하지 못하는 경우가 많다. 많은 투자자들이 투자자금이 준비되면 매입할 만한 주식을 찾는 즉시 100% 투자해 버리는 경향이 있다. 그러나 급등락으로 인해 변동성이 큰 주식 시장에서는 한곳에 투자하는 것을 경계해야 한다.

한 종목에 100% 투자해 버리는 경우, 심한 하락장이 와도 저가 매수할 기회조차 얻지 못하게 된다. 따라서 적절하게 현금을 보유하는 전략도 반드시 필요하다. 그러나 현금을 너무 많이 보유하고 있는 것도 바람직한 투자 방법은 아니다. 시장 상황이 매우 좋아 대부분의 종목이 상승하는 장에서 홀로 현금을 많이 보유하고 있으면 다른 투자자들이 수익을 올리는 시장에서 소외될 가능성이 크다.

그렇다면 어떻게 해야 할까? 주식 계좌에서 현금은 최소 10% 이상 보유하기를 권한다. 특히 단기 투자(단타)를 좋아하는 사람들에게 현금은 수익과 직결되는 경우가 많으므로 단타로 주식 투자(가급적 안 하는 것이 좋음)를 하려면 현금을 최소 30% 이상 보유하고 있는 것이 좋다. 주가가 급등락하며 큰 변동성을 보이는 장세에서는 현금 비중을 50%까지 늘리는 것도 좋다. 폭락하는 장에서 보유하고 있는 현금이 많으면 가치 있는 주식을 저가 매수할 기회를 잡을 수 있을 뿐만 아니라 현금 보유로 자산을 지킬 수 있는 유리한 측면도 있다.

따라서 변동성이 크고 시장이 어려울 경우 현금 보유 비중을 높이는 전략이 좋다. 반대로 변동성이 거의 없고 시장이 안정된 상황이라면 오히려 현금을 조금 줄이고 주식을 늘리는 전략이 필요하다.

재테크를 효율적으로 하려면 주식과 예금 그리고 현금의 비중을 적절히 배분하여 밸런스를 맞춰야 한다. 부동산까지 고려되어야 하지만 이 책의 핵심이 아내 몰래 '비상금' 3억 모으기이므로 해당 부분은 제외시켰다.

재테크 = 밸런스Balance. 무리하지 않게 균형감각을 맞추자.

| 주식은 전체 투자의 60%

전체 재테크 포트폴리오에서 합리적인 주식의 비중은 60%가 적당하다고 본다. 물론 각자의 성향에 따라 기준이 다를 수 있다. 60%라는 기준은 공식적인 것도 아니고, 재테크 교과서 어디에도 나와 있지 않은 내용이다. 철저하게 경험에 의해 설정한 기준임을 밝혀 둔다.

주식은 위험 자산으로 분류된다. 주식 전문가들 중에는 안전 자산으로 보는 경우도 있지만, 위험 자산으로 보는 것이 옳다고 생각한다. 위험 자산을 과도하게 보유하게 되면 자산의 큰 손실이 발생할 수도 있다. 그러나 적절한 위험을 감수하지 않고서는 큰 수익을 기대할 수 없기 때문에 50%보다는 약간 상향해서 60%를 합리적 기준으로 잡은 것이다.

여기서 60%라는 것은 전체 재테크 포트폴리오에서의 비중을 말한다. 앞에서 설명한 시장의 변동성에 따른 주식과 현금의 보유 비중과는 기준이 다르다. 즉, 재테크 포트폴리오 전체를 100%라고 가정하면, 예적금 등 현금에 준하는 예금 자산의 비중이 25%, 위험에 대비한 보장성 자산으로 보험 자산의 비중이 15%, 위험 자산인 주식의 비중이 60%라는 의미다.

필자는 '아내 몰래 비상금 3억 모으기'를 실천하면서 가급적 위의 비율을 지키려고 노력했다.

① 은행의 예적금

필자는 은행의 정기예금이나 적금을 대신해 퇴직 연금 형식이나 신탁상품으로 비교적 장기적으로 불입했다. 단기적으로 주식 투자를 위한 재원을 마련하기 위해 1년 단위로 목돈을 만드는 부분이 있었기 때문에 장기적으로 불입해서 20~30% 수준으로 만들려고 노력했다. 은퇴하는 시점에서는 앞서 공개한 퇴직 연금과 신탁상품을 합쳐 약 27% 수준으로 유지했다.

② 보험 상품

누군가 아내 몰래 비상금 3억 모으기의 포트폴리오를 보더니 보험 상품이 포함되어 특이하게 생각했다. 필자 역시 공감하는 부분이다. 처음 보험 상품에 가입해 장기 납입을 결정했을 때 '끝까지 해낼 수 있을까?'하고 걱정했다. 그러나 결국 60회를 마무리했고, 선택한 상품이 종신 보험이다 보니 살아있는 한 보장을 받게 되어 있다. 요즘처럼 불확실한 시대에 보험 상품을 선택한 것도 나쁘지 않았다고 생각된다. 현재 보험 상품의 비중은 약 13% 정도로 유지되고 있다.

③ 주식

주식은 전체 포트폴리오에서 60% 정도를 유지하는 것을 목표로 했다. 이 비중은 앞으로도 깨지 않고 운용할 생각이다. 약간의 Risk를 감수하면서 수익을 올리는 형식이 아니면 목표로 하는 금액을 달성하기란 어렵다고 보기 때문이다. 포트폴리오의 금액 증감은 주식이 결정하게 될 것이라 보고 있다. 향후 주가 상승으로 포트폴리오에서 주식의 비중이 60%를 초과한다면 주식 비중을 축소해 60% 수준으로 유지할 생각이다. 현재는 전체 포트폴리오에서 주식의 비중을 60% 수준에 안정적으로 유지하고 있다.

【아내 몰래 비상금 3억 모으기】는

전체 포트폴리오의 적절한 밸런스 유지로 완성된 결과다.

-예금 자산 25%, 보험 자산 15%, 주식 60%-

무책임한 투자 전문가에게 현혹되지 마라

ㅣ 너무 많은 투자 전문가

'급등주 추천', '다음 주 날아갈 주식 추천해 드립니다.', '○○주 1,000% 수익 달성', '제 2의 ○○주를 찾아라' 아침마다 친절하게 배달되는 스팸 문자 메시지들이다. 그제도, 어제도 빠짐없이 매일 문자가 와 있었다. 문자 메시지에 있는 URL을 누르면 별다른 내용은 없고 수십만 원에 달하는 월 회비를 입금할 계좌번호만 쓰여져 있을 뿐이다.

주변에 투자(주식) 전문가가 너무 많다. 대박 주식이 실제로 있다면 회비 따위 받지 않아도 직접 투자해 대박을 터트리면 되지 않을까?

몇 년 전 한 지인이 종목 하나를 추천해 줬다. 역시 대박 종목이었다. 어디까지 날아갈지 모른다며 조금이라도 좋으니 반드시 매수해 두라고 당부했다. 자신이 고가의 월 회비를 내고 힘들게 받아낸 따끈한 고급 정보란다. 평소에 성실하고 도움을 주고 싶어 했고 진실한 모습을 보여 왔으므로 마음이 움직였다. 그가 추천해 준 주식은 코로나19 관련 테마주였는데 신중하게 고민한 끝에 결국 자산 중 일부를 그 종목으로 매입하기로 결정했다. 투자를 하자마자 조금씩 오르기 시작해 드디어 대박의 기회를 잡은 것만 같았다. '더 많은 금액을 투자했더라면 어땠을까'하는 약간의 후회도 밀려왔다.

그러나 주식을 매입하고 3일째 되던 날, 주가가 힘을 잃더니 하루 만에 매입가까지 다시 내려왔다. 오를 때는 하루에 3%씩 올랐던 주가가 하루 만에 10%나 빠져 버린 것이다. 이런 경우 대부분의 개미 투자자들이 그렇듯 추가 매수를 고민했다. 좋은 주식이라 추천 받았고, 거래량, 시가총액 등 여러 가지를 분석해 본 결과 그리 나쁘지 않았기 때문이다. 또한 당시 코로나19 확진자가 계속 늘어나는 상황이라 추가 매입해도 괜찮을 것 같아서 긍정적으로 결정하고 말았다.

하지만 그때 투자를 중단해야 했다. 주가는 계속 곤두박질쳤고, 결국 파란색의 -20%라는 수치를 볼 수밖에 없었다.

이런 상황에서 실제 주식 전문가라고 정평이 나 있는 분에게 상담했더니 두말 않고 "손절하라"고 했다.

그러나 투자하기 전에 분석해 본 결과에 따르면 그리 나쁜 주식은 아니었다. 또한 코로나19 상황이 쉽게 끝나지 않을 것이 충분히 예상되는 상황이라 기다려 보기로 했다. 추가로 매입했던 금액도 감당 못할 정도가 아니었기 때문에 기다려 보는 것도 나쁘지 않다고 생각했다. 결국 일정 기간이 지난 후에야 주가는 가까스로 회복되었다. 다행인지 불행인지 3% 정도의 수익을 올리고 주식을 매도했다. 테마주로 고수익을 기대하는 것 자체가 무리라는 것을 알게 해 준 좋은 경험이었다.

급등주 추천, 특히 지인들의 추천은 위험을 안고 있을 가능성이 크다. 매수 타이밍은 가르쳐 주지만 매도 타이밍은 가르쳐 주지 않기 때문이다. 운이 좋아 추천 받은 종목이 급등해 수익이 발생했다 하더라도 추천해 준 사람들은 매도 타이밍에 수익을 실현하고 빠져나왔을 것이다. 하지만 추천을 받은 사람은 매도 타이밍을 놓치고 손실이 크게 나는 상황에 직면할 수 있다. 그런 부분까지 유의해야 한다. 따라서 추천 따위는 가급적 안 받는 것이 좋다.

추천을 해 줄 수 있지만, 책임질 수는 없다. 이것이 바로 회비를 받는 투자 전문가들의 말을 너무 믿으면 안 되는 이유다. 정말 투자 전문가인지, 개미 투자자들의 회비를 받아 챙기는 사기꾼인지 잘 따져볼 필요가 있다. 투자는 가급적 스스로 우량 종목을 찾아내고 자신의 판단에 따라 중장기 투자를 하는 것이 정답임을 다시 한 번 강조하는 바이다.

| 올바른 전문가는 투자의 방향성을 제시한다.

언젠가 TV 예능 프로그램에 '슈카'라는 예명을 사용하는 젊은 투자 전문가가 출연했다. 슈카는 S대 경제학과와 Y대 대학원 출신으로 삼성증권에서 조 단위의 펀드를 운용하던 펀드 매니저였지만 2019년에 은퇴하고 유튜버가 됐다. 현재는 유튜브 방송 〈슈카월드〉의 운영자다. 슈카월드는 구독자 수만 146만 명이 넘는, 무시무시한 인기를 자랑하는 유튜브 방송 채널이다.

슈카는 주식이라는 주제로 프로그램에 함께 출연한 연예인들의 관심을 집중시킬 수 있는 능력을 가지고 있었다. 투자 전문가답게 주식에 대하여 이해하기 쉽게 설명하면서 주식 초보자들인 연예인들이 직접 투자할 수 있도록 도왔다.

나름 괜찮은 투자 전문가가 나타났다고 생각했다.

또 슈카는 주식 투자를 해야 하는 이유를 설명하면서 젊을수록 자산 100%를 투자해야 한다는 철학을 가지고 있었다. 그리고 자신이 투자하고 있는 종목을 출연진에게 공개하면서 어떤 주식이 유망한지에 대해서도 쉽게 설명했다. 그리고 기억에 남는 이야기가 하나 있다. 그는 향후 주목해야 할 주식을 추천하기보다 "세상이 얼마나 빠르게 변하고 있는지를 알아야 한다. 그리고 투자 수익을 높이려면 세상의 변화 속에서 좋은 주식을 찾아낼 수 있어야 한다."며 투자의 방향성만을 제시했다. 이런 모습만 보더라도 그는 우리 주변에 숱한 '자칭 투자 전문가'들과는 다른 '진짜 투자 전문가'임이 분명했다.

반면, 자칭 투자 전문가들은 어떠한가. 대부분이 주식 차트를 보여주며 이 주식을 주목해야 한다고 강조한다. 그러나 추천해 주는 주식의 90% 이상은 이미 올랐거나 오르고 있는 종목이 대부분이다. 간혹 하락세를 보이는—주가를 나타내는 색깔이 파란색인 경우—종목을 추천하는 경우가 있는데, 이런 경우는 전날 급등해서 당일에는 조정을 받고 있는 경우가 대부분이다.

주식을 깊이 공부하지 않은 일반 투자자라면 전문가의

추천 종목이므로 관심을 가질 수밖에 없게 된다. 관심으로 끝나면 그나마 다행이지만 대부분은 그 주식에 투자를 한다. 앞에서도 언급한 것처럼 투자한 종목은 하락으로 이어지는 경우가 많다. 전문가로 인해 불쌍한 일반 투자자(개미)들의 자산은 찾을 수 없는 곳으로 날아가 버린다. 가급적 투자 전문가들의 추천 종목은 자신의 포트폴리오에 관심 종목으로 분류해 두고 스스로의 판단으로 확신이 들 때 투자할 것을 추천한다.

투자 전문가에 의존해 실패로 이어지는 투자에서 벗어나 성공적인 투자를 하기 위해서는 빠르게 변화하는 세상 속에서 우량주를 찾는 능력을 키워야 한다. 결국 그런 능력이 투자 전문가보다 훨씬 나은 투자를 할 수 있도록 만들어 줄 것이다.

명심하자. 나 자신이 전문가가 되지 않으면 세상의 숱한 전문가들에 의해 재산을 모두 잃고 말 것이다.

【아내 몰래 비상금 3억 모으기】는
스스로 전문가가 되려고 노력한 결과다.
-세상의 흐름 속에서 좋은 주식을 찾아내는 진짜 투자 전문가-

주식에
천재는 없다

| 투자 수익률 200%

생각지도 못한 종목에서 대박이 날 때가 있다. 이때 주의를 기울이지 않으면 큰 손해로 이어지거나 모처럼의 수익을 고스란히 반납해야 하는 경우가 생긴다. 바로, 대박 난 것을 운이라고 생각하지 않고 자신이 주식의 천재이기 때문이라는 착각의 늪에 빠지는 투자자의 착각 때문이다. 그렇게 되면 매도 타이밍을 정해 수익을 실현시켜야 함에도 불구하고 자신과 자신이 선택한 종목을 맹신하는 실수를 범할 수 있다. 주식 시장에 천재는 있을 수 없다. 중요한 것은 우상향 그래프에 도취되어 있는 것이 아니라 정확한 매도 타이밍을 잡는 것이다.

① 장외 주식 투자 수익률 200%

오래 전 장외 주식에 투자해 본 경험이 있다. 필자가 투자한 종목은 휴대폰 번호의 앞자리가 018로 시작하던 개인 휴대 통신서비스 회사인 한솔PCS였다. 1996년에 회사가 설립되었다가 2000년대 초반에 KT프리텔로 합병된 회사였는데, 어디선가 IPO시장에 상장된다는 정보를 입수하고 어설프게 장외 주식 시장에 뛰어든 것이었다.

투자한 금액이 그다지 크지 않았지만 장외 시장에서 수익률이 이미 200% 이상이었으므로 상장이 이루어지면 수익이 제법 크게 발생할 상황이었다. 당시에는 장내 주식 시장에 대해서도 문외한일 때였음에도 불구하고 제법 높은 수익률을 낸 것을 보면서, '내가 주식 투자에 어느 정도 감각이 있나?'하는 생각을 하기도 했다. 그러나 거기까지였다. 상장되기를 학수고대하며 상당히 오랜 기간을 기다렸던 것으로 기억한다. 차라리 상장되기 전 장외 시장에서 매도해 수익을 확보했더라면 그 종목이 깍두기 교수의 주식 투자 성공 1호가 되었을 것이다.

한솔PCS는 이후 한참 지나 IPO시장에 상장됐다. 당시 공모가가 23,000원이었는데 상장되자마자 주가는 하방으로 곤두박질쳤으며 이후에도 힘 한 번 써보지 못하고 주가는 계속해서 내리기만 했다. 요즘 같은 시장에서는 상상도 못할 일이다. 최근 IPO시장에 상장되는 종목들은 대부분이 따상(공모가가 10만 원이라고 가정한다면 공모가의 2배= 20만원, 20만 원에서 30% 오른 금액= 26만원)은 기본이고 다음날까지 상승하는 종목도 나오는데 당시만 하더라도 상장된 후 공모가에도 미치지 못하는 종목이 많았다.

그리고 한솔PCS는 나중에 한국통신프리텔KTF(KT의 전신)에 합병됐는데, 이때 합병 비율이 낮게 합의되면서 보유하고 있던 주식 수가 오히려 줄어들었다. 장외 시장의 매수가가 비교적 낮았던 덕분에 다행히 매도로 인한 큰 손해는 보지 않았지만, 한솔PCS 주식은 장외 주식 시장에서 1년 이상 가지고 있었던 일장춘몽으로 기억에 남아 있다.

② 기아자동차 수익률 195%

2010년 5월, 그동안 조금씩 모아서 만든 목돈과 주식 일부를 처분해 종잣돈을 만들었다. 그리고 여러 가지 정보를 활용해 기아자동차 주식을 주당 25,600원에 1,420주(총 투자 금액 3,635만 원) 매입했다. 당시 삼성전자는 물론이고 기타 주식들도 모두 처분해 오로지 한 종목, 기아자동차에 집중한 것이다. 잘 알려진 것과 같이 기아자동차는 한때 경영이 어려워 부도 직전까지 갔다 겨우 회생할 정도로 힘들었지만 경쟁 기업이었던 현대자동차(현재는 기아자동차를 인수해 관련기업으로 분류) 주식이 엄청나게 오르는 것을 보고 기아자동차도 괜찮을 것 같아 투자하기로 결정한 것이다.

그러나 주식은 마음먹은 대로 되지 않는 법. 예상대로라면 주가가 상승했어야 하는데 3만 원대에서 지루하게 횡보하기만 했다. 그러다 투자 후 7개월 만인 그해 12월에는 5만 원을 돌파하였고, 투자한 지 1년이 되던 2011년 5월에는 주가가 84,300원까지 오르면서 230%라는 생각지도 못한 수익률을 기록했다.

당시 많은 증권사 리포트와 투자 전문가들의 예상은 기아자동차가 10만 원대까지 간다는 이야기가 대부분이었다. 그러나 주식은 항상 장밋빛 전망이 나올 때 주의를 기울여야 한다. 그때 주식을 조금만 이해하고 있었더라면 수익률 230%인 84,300원까지는 아니더라도 8만 원대에서 매도해 더 큰 수익을 냈을 터였다. 필자는 결국 매도 타이밍을 놓쳐 버렸고 그 후에도 기아자동차는 계속 내리막길을 걸어 7만 원대 중반까지 하락했다. 결국 75,600원에 전량 매도했으며 그때 수익률이 195%였다.

기아자동차의 주가와 수익률 변동 추이

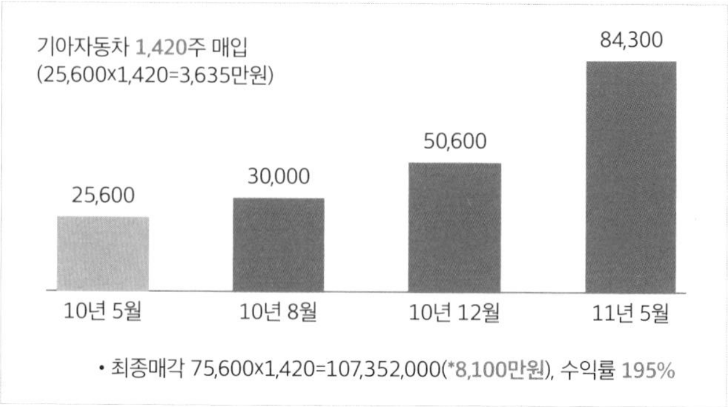

그 후 기아자동차는 7~8만 원대를 한참동안 횡보하면서 상당 기간 주가의 안정을 보이다가 어느 순간부터 내리막길을 걷기 시작하더니 나중에는 2만 원대까지 내려왔다. 그러다가 지난해 코로나19의 영향으로 주가가 폭락했을 때 21,600원을 기록하면서 투자자들에게 또 한 번 대박 기회를 주기도 했다. 이후 10만 원을 돌파했다가 다시 8~9만 원대를 횡보하고 있다. 자율 주행 자동차 이슈와 자동차 관련주의 주가 상승 등이 맞물려 향후 주가의 추이가 무척 궁금해지는, 그래서 관심 종목으로 분류해 놓고 계속 관찰하고 있는 종목이기도 하다.

ㅣ 오를 땐 천재, 떨어질 땐 주린이

딸에게 주식을 가르치려 한 적이 있다. 중학교에서 음악을 가르치고 있는 딸이 한 살이라도 젊은 시기에 경제적으로 안정됐으면 하는 안타까운 마음 그리고 공무원들의 넉넉하지 못한 생활에서 벗어나 조금 더 여유로워졌으면 하는 아빠의 작은 마음이었는지 모른다.

그러던 어느 날 딸이 전화를 걸어와 한껏 흥분한 목소리로 "아빠, 나 주식 천재인가 봐"라고 말한 적이 있다. 주식 계좌를 캡처해 보내준 내용을 보니 그 수익률이 가히 천재 수준이었다. 금액은 비록 적었지만 보유 종목 3개가 전부 빨간색이었고 수익률도 많게는 70% 이상 되는 종목도 있었다. 그러면서 딸은 "미국 증시를 관심 있게 지켜보고 있다"며 '서학개미'로의 발돋움을 준비하고 있었다.

동학개미운동을 펼쳤던 한국의 일반 투자자들이 최근 미국 증시에 관심을 많이 가지고 있는 것은 사실이다. 어찌 보면 작은 한국 증시를 넘어 기회가 많다고 하는 큰 시장을 바라보는 일이 바람직할지 모른다. 하지만 필자의 생각은 약간 다르다. 미국 증시를 깊이 연구하고 주식 거래를 해야 함에도 그렇지 못한 경우가 많기 때문이다. 한국 기업들의 경우 정보를 파악하기 쉬울 뿐 아니라 기업에 직접 방문해 볼 수도 있다. 하지만 미국은 그런 상황이 아니지 않은가?

그래서 요즘 딸이 걱정이다. 주식 투자의 초보인 데다 시작하자마자 수익률 대박 수준이라 실패해 본 경험이 없는 터라 미국 시장까지 너무 쉽게 보는 게 아닐까 싶다. 물론 계속해서 수익 실현만 한다면야 아무런 문제가 없겠지만 주식 시장은 언젠가 조정을 받을 것이고 그때는 어려움을 당할 수밖에 없을 것이라는 생각이 드는 것이다.

필자 역시 2011년 5월 기아자동차로 제법 큰 수익을 올린 후에 '아내 몰래 비상금 3억 모으기'도 금방 이룰 수 있다는 착각에 빠졌었다. 1년 만에 19%도 아니고 195%의 수익을 올리지 않았는가? 그때는 아무것도 보이지 않았다. 뭐든지 다 할 수 있을 것 같았다. 어떤 종목에 투자하더라도 다 오를 것 같았고, 은퇴할 때 3억이 아니라 30억도 모을 수 있을 것만 같았다. 스스로 '주식 투자의 천재였나'하는 착각에 빠진 것이다.

주식 시장에는 항상 좋을 때만 있는 것이 아니다. 아무리 좋아 보여도 언제 그랬냐는 듯 금세 캄캄하고 긴 터널 혹은 언제 끝날지 모르는 지옥이 기다리고 있는 곳이 바로 주식 시장이다. 그대는 희망이 사라진 지옥 같은 어둡고 긴 터널 속에서 7년을 견딜 수 있는 힘을 가지고 있는가? 7년간 단 한 종목 때문에 스트레스와 고통을 인내하며 견뎌내야 하는 시기도 있다는 것을 바로 다음 페이지에서 다루고 있다.

결국 나는 주식 투자의 천재가 아니라 주식의 '주株'자도 모르는 '주린이'였다.

【아내 몰래 비상금 3억 모으기】는
주식 천재와 주식 초보 사이를 갈팡질팡하며 일궈낸 결과다.
-200% 수익을 낼 때는 누구나 주식 천재,
어려울 때는 주린이가 되는 법-

수익이란 기다림의 결과물이다

| 어떤 사람이 수익을 낼까?

어느 기업에서 변화와 혁신에 대한 강의를 할 때였다. '사고의 틀을 바꾸자'는 말의 의미를 설명하면서 "주식은 매도하는 것이 아니라 기다림이다"라고 했더니, "마음이 급한데 어떻게 기다립니까?"라는 반응이 돌아왔다. 이해되고 공감되는 부분이다. 주식 시장에서 매번 손실을 보는 사람들은 대부분 마음이 급해 기다릴 줄 모르는 사람이다.

주식 투자 전문가들은 단타 전문가와 중장기 투자 전문가로 구분된다. 핸드폰으로 날아드는 스팸광고에 자신이 단타 전문가라며 3일 만에 무려 100%의 수입을 보장하겠다는 곳도 있다. 이 광고가 확실하다면 그 전문가가 추천해 주는 종목에 투자하지 않을 사람이 있을까? 설령 지불하는 회비가 좀 비싸다 하더라도 충분히 지불할 가치가 있다고 본다.

물론 대부분의 투자자는 고수익을 원한다. 그러나 앞서 이야기했듯이 주식은 위험 자산이다. 때로는 악재가 발생해 고위험 자산이 될 수도 있고, 운이 작용해 고수익을 올릴 수도 있다. 변동성이 큰 주식 시장은 투자자들을 당혹스럽게 만드는 경우가 꽤 많다. 그러므로 주식 시장에서 투자의 핵심은 '어느 정도의 위험을 감수하면서 수익을 올릴 것인가'이다. 그리고 위험 구간을 얼마나 허용할지는 투자자의 성향에 따라 단기 혹은 중장기로 결정하면 된다.

이렇듯 어려운 주식 시장에서 수익을 올리는 사람은 과연 어떤 사람들일까? 필자가 조심스럽게 수익을 내는 사람들의 조건을 제시한다면 1. 여유자금을 가지고 있는 사람, 2. 좋은 주식을 고르는 사람, 3. 기다릴 줄 아는 사람이다.

필자의 경험을 토대로 이야기를 하자면, 가장 먼저 어느 정도 시드머니를 만들어 둬야 한다. 물론 여유 자금이 많을 수도, 적을 수도 있다. 그러나 적은 돈으로도 큰 수익을 낸 사람은 얼마든지 있다는 것을 명심하자. 두 번째로는 여러 가지를 분석해 좋은 주식을 고를 수 있어야 한다. 여러 종목을 관심 종목에 담아 두고 회사의 투자 가치와 발전 가능성, 주가의 추이 등을 오랫동안 다양하게 살펴본 다음 확신이 섰을 때 투자를 해야 큰 수익으로 이어지는 경우가 많았다. 급등하는 종목이라고 다 좋은 주식은 아니라는 것을 명심하길 바란다. 마지막으로 가장 중요한 것은 한 번 투자를 하면 인내심을 가지고 기다릴 줄 알아야 한다는 것이다. 단기 투자를 할 수도 있겠지만, 큰 수익을 내는 사람들은 대부분 장기 투자로 기다릴 줄 아는 사람들이었다.

이것이 바로 아내 몰래 비상금 3억 모으기에서 내내 강조하고 있는 깍두기 교수의 투자 정석이다.

| 2년의 기다림, 133%의 수익

원래 바이오 종목은 그다지 좋아하지 않는 편이었다. 이상하게 실체가 없는 것처럼 보였다. 기술력의 신뢰성 확보 측면에서도 어려움이 많다. 핵심은 실적이 제대로 나지 않는다는 것이다. 그러나 이런 것과는 상관없이 시장 분위기만 타면 다른 종목에 비해 무섭게 상승하는 섹터가 바로 이 종목들이기도 하다.

언젠가 증권 회사 직원이 연락을 해 와서 "장기적인 관점에서 S바이오 괜찮은데 한번 해 보시겠습니까?"라고 말했다. 갑작스러운 제안이었다. 제약 바이오에 관심을 갖지 않고 있었기에 당혹스러운 탓에 검토해 보겠다는 말로 약간 뒤로 물러서고 말았다.

바이오 종목을 추천해 준 사람은 과거에 내 주식 계좌를 관리해 주던 증권 회사 직원이었다. 내가 주식에 대해 잘 모르던 시절에 나를 전담해 종목 추천, 주식 거래, 일반 상담까지 해 주곤 했다. 계좌에 자산은 그렇게 많지 않았지만 최선을 다하는 모습에 고마운 마음을 가지고 있었으므로 추천해 주는 종목에 대해 분석하기로 하고 자료를 검토했다. 검토 결과, 추천해 준 종목인 S바이오는 실적이 비교적 괜찮았다.

제약업계에는 신약을 개발하면 일정 기간 특허권을 인정해 주는 제도가 있다. 그리고 일정 기간이 경과하면 특허권이 풀려 타 회사에서도 유사한 제품을 생산할 수 있도록 허가하게 된다. 이때, 100%는 아니지만 유사한 형태로 복제된 약을 바이오 시밀러Bio-similar라고 하며, 허가를 받은 회사에서만 이것을 생산할 수 있다. 추천 받은 S바이오가 바로 그런 회사였다. 세계적으로 기술력을 인정받았으며, 최근 코로나19 치료제 생산에 성공하기도 한 국내 기업이었던 것이다.

계좌를 보니 200주 정도 매입할 여유자금이 있었다. 2019년 10월에 증권 회사 직원에게 부탁해(지금은 주식을 직접 매수하지만, 그때만 해도 증권 회사 직원이 대신 거래를 해 줬다.) 주가 55,800원에 200주를 매입했다.

이 주식 역시 다른 주식과 마찬가지로 매입하면 하락하는 원리에 따라 매입하자마자 하방으로 곤두박질치기 시작했다. 2개월 정도 증권사 직원을 원망한 적도 많았다. 좋아하지 않던 분야를 추천했고, 또한 주가가 매입 대비 -20%에 가까운 4만 원대 초반까지 하락했기 때문에 좋은 감정을 가질 수 없었다.

그렇게 2개월 가까이 하락하던 주가는 2019년 연말을 기점으로 무슨 이유에서인지 계속 상승하기 시작했다. 주식을 추천해 주었던 증권사 직원에 대한 원망이 사라지기 시작한 시점이기도 하다. 주가는 6개월 정도 큰 폭으로 상승했다. 특별한 이유가 있는 것도 아닌데 오르기 시작했고 코로나19로 다른 주식의 주가가 폭락하던 때도 이 주식의 주가는 오히려 상승하고 있었다. 나중에 안 사실이지만 중국에서는 일찌감치 코로나19의 조짐이 보이고 있었다고 한다. 그로 인해 제약 바이오 분야에 상승 모멘텀이 발생하면서 주가에 영향을 미친 것으로 결론을 내릴 수 있었다.

S바이오의 주가 변화와 실제 수익률

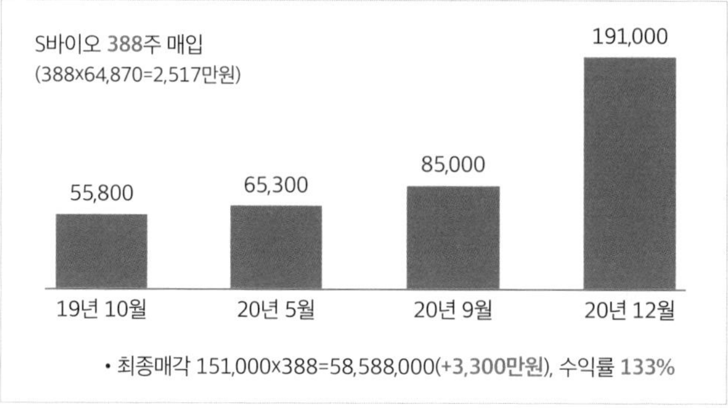

당초 매입할 때, 이 종목의 목표주가를 12만원(약 100% 수익)으로 설정했다. 다른 종목에 비해 목표가(장기 투자를 원칙으로 한다면 목표가는 기본 200% 이상)를 높게 잡진 않았지만 바이오 종목에서 100%는 그리 낮은 것도 아니었다.

그러나 예상보다 빨리 목표가인 12만 원에 도달했다. 그런데도 코로나19 상황은 종료될 조짐도 없이 오히려 미국을 중심으로 전 세계적인 확산세가 더 심하게 진행되고 있었다. 제약 바이오 특성상 코로나19 상황이 악화되면 주가는 더 상승하겠다는 판단에 목표 주가를 좀 더 높여 18만 원으로 수정했다. 그리고 매입 후 보유 기간을 코로나19 백신이 개발되어 일반인들에게 접종이 이루어지는 시기까지로 늘려 잡았다.

그리고 2020년 5월과 9월 두 차례에 걸쳐 추가로 주식을 매입했다. 이 기간 동안은 주가가 횡보 내지 조금씩 하락해 기간 조정의 양상을 보이기도 했다. 그렇지만 향후 크게 하락하지 않을 것이라 판단되어 6만 원대에 100주, 8만 원대에 88주를 추가 매입해 총 388주(평균단가 6만5천 원대)를 보유하게 됐던 것이다.

그런데 추가 매입이 이루어지고 얼마 있지 않아 2020년 11월부터 S바이오는 실적 기대감으로 주가 급등 양상을 보이며 순식간에 19만 원까지 상승했다. 목표주가 18만 원을 돌아볼 시간도 없이 바로 19만 원까지 상승해 버린 것이다. 최고점인 191,000원에 매도했더라면 이 종목 역시 200% 가까운 수익을 올릴 수 있었겠지만, 다시 한 번 매도 타이밍을 놓치고 말았다. 이후 주가는 하락하기 시작했고 결국 151,000원에 전량매도하고 말았다. 이래서 주식이 어렵다는 것이다. 그래도 매도 시점에서 이 종목의 수익률은 총액 기준으로 133%(초창기 매입한 200주만 본다면 200% 가까운 수익 실현), 원금 25백만 원을 투자해 59백만 원에 매도했으니 34백만 원 가까운 수익을 올릴 수 있었다.

이 종목을 장기 보유하려다 매도한 이유는 두 차례에 걸쳐 올린 목표 주가를 이미 달성하기도 했고, 코로나19 백신 개발이 완료되어 미국 등 선진국에서 접종이 상당 부분 진척되고 있기 때문이었다. 또한 국내에서도 연말까지는 전 국민의 70% 이상이 접종을 완료해 집단 면역을 형성할 예정이었기 때문에 코로나19와 함께 주식의 호재가 사라질 것이라는 판단 하에 매도를 결정하게 된 것이었다.

| 장기 보유의 조건

앞서 장기 투자가 아무리 좋다고 해도 장기적으로 투자할 만한 주식의 조건에 맞지 않으면 매도해야 한다고 언급한 바 있다. 조건에 맞지 않는 종목은 매도를 함으로써 손실을 최소화하는 전략이 필요한 것이다.

장기적으로 보유하면서 주식 계좌를 살찌게 만들려면 가급적 다음의 조건에 맞는 종목을 선정하길 권한다.

① 성장성이 뛰어난 주식

성장성이 뛰어난 주식은 좋은 주식이다. 좋은 주식에 대해서는 이후에 다시 언급할 예정이니 그때 참고하시길 바란다. 성장성이 뛰어나고 좋은 종목은 수시로 변한다. 아주 오래전에는 한전, 한국통신, 포항제철, 삼성 등이 좋은 주식이었다. 물론 이런 주식들은 지금까지 좋은 주식으로 분류되고 있지만 성장성이 떨어져 주가가 많이 상승하는 종목은 아니다. 큰 수익이 나려면 성장성이 뛰어나고 기업의 재무상태도 양호해야 한다. 이런 주식들이 주도주 역할을 하면서 시장을 끌고 간다. S바이오 주식이 바로 그런 종목이었다.

② 시장의 흐름에 맞는 주식

아무리 성장성이 뛰어나고 좋은 주식이라 하더라도 시장의 흐름에 맞지 않으면 안 된다. S바이오 종목이 바로 그런 종목이다. 처음에는 관심조차 없었지만, 의도와 달리 코로나19 상황이 발생해 세간의 이목이 그쪽 섹터로 쏠리면서 종목에 엄청난 변화가 생겼다. 이러한 주식은 상황이 끝날 때까지 보유하는 전략으로 장기적인 관점에서 투자가 가능하다.

시장의 흐름에 맞는 주식에 관해서도 이후에 상세하게 다룰 예정이니 참고하시길 바란다.

③ 꾸준한 실적

성장성도 뛰어나고 세상의 흐름에 맞는 주식이라 하더라도 주식 시장에서 핵심은 회사의 실적이 뒷받침되어야 한다는 것이다. 그러나 실적이 있더라도 단발성이라면 좋은 주식이라 할 수 없다. 한 해만 실적이 좋고 다음해에 실적이 무너지는 상황을 종종 볼 수 있다. 이런 주식은 투자자를 힘들게 만든다. 따라서 실적을 꾸준히 개선시켜 나가는 종목을 찾아야 장기 투자로 고수익을 올릴 수 있다. S바이오는 다른 바이오 종목과 달리 꾸준히 양호한 실적을 내고 있는 기업이었다.

대부분의 투자자들은 주식을 매입하자마자 수익을 내는 것만이 최상의 투자라고 생각한다. 그러나 단기 투자는 수익의 크기도 적을 뿐 아니라 극도의 스트레스로 사람을 망칠 수 있다. 좋은 주식을 찾아 장기 투자를 하게 되면 달콤한 수익을 편안하게 맛볼 수 있다. 선택은 본인의 몫이다.

【아내 몰래 비상금 3억 모으기】는

세상의 흐름에 맞는 주식을 오랜 기간 보유한 결과물이다.

-좋은 주식을 팔지 않고 기다리면 큰 수익으로 돌아오는 법-

세상의 변화를 읽어라

| 주식 시장은 변화의 흐름을 따른다

시장의 위기는 패러다임Paradigm을 바꾸는 전환점을 마련해 준다. 코로나19로 인하여 최근 주식 시장에서의 큰 흐름은 바이오, 배터리, 인터넷, 게임을 의미하는 BBIGBio, Battery,Internet,Game 기업으로 옮겨 갔다. 그리고 BBIG의 강세에 따라 2008년 글로벌 금융위기 이후 국내 증시를 주도했던 자동차, 화학, 정유의 '차화정'이 다시 언급되고 있다.

'차화정'. 코로나19로 증시가 폭락하기 이전까지 한국 증시를 지탱해 온 주도주이자 대표주라 할 수 있다. 금융 위기로 인해 무너지기 일보 직전이었던 국내 증시를 살려낼 정도로 큰 흐름을 보이고 있었다. 자동차 종목은 현대차,

기아차, 현대모비스가 주도했고, 특히나 당시 자동차의 대표 종목이었던 현대자동차는 주가가 27만 원까지 상승하기도 했다. 화학 종목의 대표 주자는 LG화학, OCI, 롯데케미컬 등이었으며 LG화학은 48만 원까지 상승했다. 정유 종목은 SK이노베이션, GS, S-Oil 등으로 SK이노베이션이 28만 원까지 상승하는 등 당시 변화의 큰 흐름을 일으킨 바 있다.

이에 비해 'BBIG'는 코로나19로 인해 2020년 3월 19일에 코스피 지수 1,457P를 찍은 후 한국 증시의 급반등을 이끌었던 배터리, 바이오, 인터넷, 게임을 일컫는 말이다. BBIG에 포함된 종목은 7개로 삼성Biologics, LG화학, 삼성SDI, 카카오, 네이버, NC소프트이며 BBIG-7이라고 한다. 배터리 분야로는 LG화학, 삼성SDI, 바이오 분야로는 삼성바이오로직스, 셀트리온, 인터넷 분야로는 카카오, 네이버, 마지막으로 게임 분야에는 NC소프트가 포함되어 있다.

다음 표는 1년 사이의 상승폭을 알아보기 위해 필자가 BBIG-7 종목의 2020년 3월 19일과 2021년 3월 31일의 종가를 파악한 것이다. 상승폭이 가장 작은 종목은 NC소프트로 65%에 그쳤지만 기간 중 100% 이상 오른 적도 있었다. 상승폭이 가장 큰 종목은 카카오였는데, 2021년 3월 말 기준으로 무려 272%, 이후 액면분할로 거의 400% 넘게 상승했다.

BBIG-7의 경우 거의 매일 주가가 상승했으며 상승하지 않는 날이 오히려 이상할 정도였다. 과거에는 차화정, 현재에는 BBIG 중 한 종목만 계좌에 편입되어 있어도 계좌의 잔고가 매일 증가하는 것을 확인할 수 있을 것이다.

코로나19 기간 BBIG-7종목의 주가 상승폭

종목	20.3.19 종가	21.3.31 종가	상승폭(%)	비고
카카오	26,900	100,000	272	액면분할 전 50만원
삼성SDI	183,000	660,000	261	
LG화학	230,000	805,000	250	
네이버	144,000	377,000	162	
셀트리온	140,000	324,500	132	
삼성BIO	366,000	748,000	104	
엔씨소프트	530,000	873,000	65	
코스피지수	1,457(P)	3,061(P)	110	

※BBIG=바이오, 배터리, 인터넷, 게임

① 바이오

코로나19로 가장 두각을 나타낸 바이오. 당시 종목 이름에 바이오만 붙어 있으면 상승했다. 바이오 관련 종목으로는 삼성바이오로직스와 셀트리온이 BBIG-7에 포함되어 있다. 이 두 종목 역시 2020년 3월 19일 저점을 찍은 후 최근까지 100% 이상의 상승폭을 보였다.

재미있는 일도 있었다. 상승세를 이어가던 바이오 종목 사이에 ○○바이오가 있었는데, ○○바이오는 사실 제약 바이오가 아닌 농업 사료 관련 종목이었다. 그러나 '묻지마' 투자를 하는 개미들이 제약 바이오 관련주로 착각해 한때 상한가를 기록했던 것이다. 물론 그 종목에 다른 이슈가 있긴 했지만 '바이오'라는 이름 때문에 이슈에 비해 과도한 평가를 받으면서 상한가를 기록한 것으로 판단된다.

② 배터리

세계 1위 LG화학, 세계 5위 삼성SDI, 세계 6위 SK이노베이션. 전 세계의 배터리 점유율 1위는 바로 한국형 배터리의 위상을 떨친 대한민국이었다. 최근 중국의 CATL이 공격적인 투자로 세계 1위를 차지하면서 LG화학이 2위로 밀려나긴 했지만 그래도 한국 배터리의 위상은 여전히 대단하다.

BBIG-7의 배터리 부분으로는 LG화학과 삼성SDI 2종목이 포함되어 있다. 주가 상승률만 보더라도 두 종목이 모두 200% 이상을 기록할 정도로 코로나19 기간 내 가장 뜨거웠던 종목임에 틀림없다.

필자 역시 LG화학은 2차례에 걸쳐 단기 매매 형식으로 투자해 고수익을 거둔 종목이다. 장기 투자가 원칙이지만 LG화학은 기업의 가치에 영향을 줄 수 있는 사건들이 발생해 팔아야 할 상황이었다. 그래서 2번 모두 단기 매매를 할 수밖에 없었다. 그리고 삼성SDI는 LG화학을 대신하는 종목으로 선정했지만 투자 여력의 한계로 인해 투자하지 못하고, 30만 원대에 주식 초보인 딸에게 추천해 현재 100% 이상의 수익을 올리고 있다.

K배터리에 대해서는 추후 상세하게 소개할 예정이므로 참고하면 주식 투자를 할 때 도움이 될 듯하다.

③ 인터넷

코로나19는 비대면 접촉, 언택트Un-tact시대를 만들어 냈다. 감염률이 높아지면서 사망자가 속출하자 접촉을 하지 않거나 최소화하는 것이 코로나19로부터 자신을 지켜내는 최선의 방책이 된 것이다.

그에 따라 모바일 주문자의 연령대도 전 세대로 확장되었다. 과거에는 젊은 세대들이 주로 모바일 주문을 했지만, 현재는 가정주부들도 모바일 주문에 능숙해졌다. 거의 컴맹 수준이었던 아내가 모바일 주문을 시작하면서 우리집

현관문 앞에 배달 물품들이 쌓여 가는 것만 보더라도 실로 큰 변화가 아닌가 싶다.

이 시기에 한국 기업인 쿠팡이 미국 다우존스에 상장하면서 화제가 되기도 했다. 미국 1부 리그인 다우존스에 상장되긴 했지만 한국 내에서는 만성 적자기업으로 그다지 주목을 받지 못한 기업이었다. 미국에서 주목을 받는 이유는 무엇일까? 코로나19로 비롯된 비대면 활동들이 가까운 미래의 모습을 그리게 만들었다는 점에서 미국이 이를 높이 평가했기 때문이라 생각한다.

BBIG-7에 인터넷 종목은 카카오와 네이버 두 종목이다. 언택트주의 대표라 하면 이 두 종목을 빼놓을 수 없다. 코로나19 기간의 주가 상승률만 보더라도 카카오가 272%, 네이버는 162%에 달한다.

코로나 기간에 다른 종목에 대해 언급하지 않고 카카오, 네이버만 분석해주고 미래 비전이 있으니 포트폴리오에 담으라고 조언해 주기만 해도 최고의 전문가로 보일 수 있는 종목들이었다. 실제로 필자 역시 카카오와 네이버를 추천해 줌으로써 지인들로부터 인사를 많이 받았을 정도다. 카카오에 대해서도 역시 추후에 상세하게 다룰 예정이다.

④ 게임

코로나19 상황에서 외부 활동이 줄어들어 자연히 집에서 보내는 시간이 많아지니까 게임을 좋아하는 세대들은 게임하는 시간이 늘어날 수밖에 없었다. 따라서 게임 관련주가 Un-tact의 대표주 격이 되어 버린 셈이다.

BBIG-7에는 엔씨소프트가 유일하게 포함되어 있다. 엔씨소프트는 대장주로, 게임에 관심 없는 사람들도 엔씨소프트의 이름을 알 정도로 게임업체 가운데 가장 큰 회사다.

PC게임 '리니지', '리니지 2' 등을 개발했고 2010년도에는 본격적으로 모바일 게임시장에 진입하기도 했다. 모바일 게임 '리니지M', '리니지2M'은 대박을 터뜨렸다. 두 게임 모두 출시 이후 구글 플레이 스토어 상위권을 차지하고 있을 정도로 현재까지 큰 인기를 끌고 있다.

코로나19 기간 중 주가의 추이를 보면 상승률이 65%로 조사되어 있지만 2021년 2월 8일자 최고가는 1,048,000원으로 100% 가까운 상승을 보이기도 했던 종목이다.

코로나19는 차마 전망할 수조차 없을 정도로 세계 경제를 깊고 긴 암흑 속으로 밀어 넣었다. 코로나 발생 초기에만 하더라도 세계 경제는 절대 V자 반등이 불가능하다고 비관하는 경제학자들이 많았다. 전 세계의 주식 시장은 끝이 안 보일 정도로 낙폭이 심해 당분간은 회복 가능성이 제로라고 보는 견해가 대부분이었다.

하지만 코로나19로 인한 암흑기 속에서도 사람들은 희망을 찾기 시작했다. 주가도 코로나19 이후를 바라보며 반등하기 시작했다. 지금 세계 증시에는 밝은 전망들뿐이다. 실제로는 아직까지 코로나19 상황이지만 주식 시장만 놓고 바라보면 백신 접종이 효과를 발휘하여 이미 세계 여행을 다니고 있는 듯하다. 경제 성장도 정상 궤도에 올라서서 달리고 있는 것처럼 보인다. 기업들은 이미 무인 자동차를 개발 중이고, 가상현실로 공연도 하는 등 우리가 상상해 온 미래가 눈앞에 다가온 것만 같다. 그리고 이 모든 것이 주가에 반영되고 있기에 주식 시장의 전망은 밝을 수밖에 없는 것이다.

| 일상에서 종목을 찾아라.

어떤 사람이 카카오톡으로 문자를 보내다 톡 서비스 이외에도 선물하기, 쇼핑하기, 메이커스, 프렌즈 등 다양한 서비스가 있는 것을 알고 【선물하기】를 클릭했다. 선물하기 홈에는 누구를 위한 선물인가에 따라 맞춤 선물을 할 수 있는 맞춤서비스가 있다. 다양한 상품들이 선택되기만 기다리고 있다. 세상의 변화에 적응해야겠다는 생각으로 친한 사람들에게 선물을 보내기로 했다. 그랬더니 '카드 결제'인지, '카카오Pay'인지, '현금입금'인지 묻는다.

이처럼 세상은 빠르게 변하고 있다. 급격한 변화는 위기가 닥칠 때마다 일어나곤 했다. 2008년, 금융 위기를 넘기면서 세계 경제가 재편된 바 있다. 또한 최근에는 코로나19의 위기 속에서 세상이 빠르게 변화되어 가고 있음을 모르는 사람은 없을 것이다. 이렇게 기회는 변화 속에서 생기기도 하기 때문에 주변을 잘 살펴보면 투자해야 할 좋은 종목이 눈에 보이는 법이다.

얼마 전, 아파트 지하 주차장에 전기 자동차 충전 시설이 있는 것을 발견하고 많이 놀랐다. 아직 눈에 띄게 많지는 않지만 전기 자동차가 우리 곁으로 다가오고 있는 것은 확실하다.

캐나다에서 인구가 가장 많은 퀘벡주는 2035년부터 화석 연료(휘발유, 경유)를 사용하는 내연기관 자동차의 판매를 금지하고 전기 자동차로 전환하겠다고 발표했다. 뿐만 아니라 "2030년까지 전기 자동차 150만 대를 도입하겠다"며 구입 시 6,100달러(한화 674만 원)정도의 보조금을 지급하는 등의 정책도 줄을 잇고 있다. 퀘벡주의 뒤를 이어 미국의 캘리포니아도 2035년까지 전기 자동차 전면 도입에 대한 행정 명령을 발동한 바 있다. 향후 이런 도시들은 점점 늘어날 것으로 예상된다. 서울시가 2035년부터 휘발유나 경유를 사용하는 내연기관 자동차의 신규 등록을 불허하겠다고 발표한 것도 이와 같은 맥락이다.

일상의 변화 속에서 투자 종목을 발굴하고 유망 종목을 골랐을 때 주식 계좌의 잔고도 점점 증가하게 될 것이다. 필자는 이런 점 때문에 최근 주변에서 일어나고 있는 다음과 같은 의미 있는 변화들을 주시하고 있다.

① 반도체 쇼티지(공급 부족)

반도체가 부족하다. 완성차업계부터 IT업계까지 부족하지 않은 곳이 없다. 때문에 자동차는 물론이고, 맥북, 아이패드까지 만들 수가 없다. 연초부터 시작된 반도체 품귀 현상은 모든 산업에 영향을 미치고 있다.

일전에 바이든 미국 대통령은 백악관에서 미국 반도체 업체뿐만 아니라 한국기업 삼성, 그리고 대만의 TSMC 등을 초청하여 미국 내 반도체 생산 라인을 늘려 달라는 취지의 발언을 해 화제였다. 현재 미국은 반도체 부족으로 자동차 생산 라인 일부가 중단될 만큼 심각한 상황이라는 뉴스를 종종 볼 수 있다. 폭스바겐이 생산량을 10만대 감산하고, 포드의 경우 켄터키공장을 1주일이나 휴업한다는 내용이었다. 미국뿐만 아니라 한국의 자동차 회사인 현대와 기아자동차도 차량용 반도체 부족으로 생산 라인을 일부 중단시켰다. 글로벌 자동차 회사의 대부분이 감산, 휴업, 휴직을 하는 상황이 발생했던 것이다.

우리나라 삼성의 경우도 2021년 1분기 실적 발표가 끝난 후 전화 회의(컨퍼런스 콜)에서 반도체 공급 부족 현상으로 세트 제품 및 디스플레이 생산에 차질이 발생할 상황이라고 밝혔다. 세계 1위의 반도체 생산 기업인 삼성에서조차 반도체 부족 현상이 일어날 정도라면 세계적 쇼티지(공급 부족) 현상은 피할 수 없는 일이라는 생각이 든다.

<반도체 부족의 원인>

- 코로나19의 영향으로 자동차 수요가 침체되다 갑자기 V자 반등을 하는 바람에 **수요 예측의 실패**
- 삼성, NXP 등 대규모 반도체 생산 시설이 있는 텍사스에 한파가 지

속되며 발생한 **정전 사태**

- 반도체가 다른 제품에 비해 2~3배 이상 사용되는 **전기 자동차 시장의 급성장**

이러한 현실을 감안하면 어떤 종목에 관심을 가져야 할지 쉽게 알 수 있다. 종목을 추천할 순 없으나 관련 종목들은 인터넷 검색으로 바로 확인할 수 있다.

② 스마트 시티

코로나19의 영향으로 재택근무가 일상화되면서 스마트 시티에 대한 관심이 더욱 높아지고 있다. 다양한 네트워크의 연결로 가정에서도 외부 활동이 가능할 만큼 편리해진 세상을 만들어가고 있다.

> 스마트 시티는 텔레커뮤니케이션(tele-communication)을 위한 기반시설이 인간의 신경망처럼 도시 구석구석까지 연결되어 있는 도시를 말한다. 따라서 스마트 시티에서는 사무실에 나가지 않고도 집에서 모든 업무를 처리할 수 있는 텔레워킹(teleworking)이 일반화될 것이다. 스마트 시티와 비슷한 개념으로는 공학기술이 고도로 발달한 도시를 나타내는 테크노피아, 네티즌이 중심이 되는 도시를 나타내는 사이버

시티, 거대도시의 새로운 형태를 의미하는 월드 시티 등이 있다. 미래학자들이 예측한 21세기의 새로운 도시 유형으로서 컴퓨터 기술의 발달로 도시 구성원들 간 네트워크가 완벽하게 갖춰져 있고 교통망이 거미줄처럼 효율적으로 짜여진 것이 특징이다. 학자들은 현재 미국의 실리콘 밸리를 모델로 삼아 앞으로 다가올 스마트 시티의 모습을 그려 나가고 있다.

출처: 네이버 시사경제용어사전v

우리나라 지방 자치 단체들 역시 스마트 시티에 대한 관심이 뜨겁다. 세종시는 2021년 4월 29일 '세종 스마트 시티' 국제포럼을 폐회하면서 세종 스마트 시티 채택을 선언하기도 했다. 머지않은 미래에 스마트 시티가 현실화될 것이라 확신한다.

스마트 시티와 관련해서는 네트워크의 연결, 통신망 구축, 도로 교통망 관련 종목들 중심으로 관심 있게 지켜보기를 권한다.

③ 자율주행 자동차

〈마이너리티 리포트〉는 4차원 세계의 거장 스티븐 스필

버그 감독이 메가폰을 잡은 영화다. 영화를 보고 있노라면 스필버그 감독다운 흥미로운 명장면들이 많이 등장한다. 영화 전체가 마치 미래 기술을 총망라해 놓은 듯 화려함과 놀라움의 연속이다. 그 중에서도 압권은 주인공이 누명을 쓰고 추격자들로부터 도망치는 장면이다. 추격자를 따돌리느라 운전에 신경 쓸 겨를이 없는 주인공을 대신해 자동차 스스로 도로를 질주한다. 〈마이너리티 리포트〉가 그리는 미래 도시에는 자율주행 자동차가 일상적으로 그려져 있다.

지금 전 세계가 자율주행 자동차 개발에 뛰어들고 있다. 그러나 일반 자동차의 제조 과정과는 조금 다른 노선을 따른다. 지금까지의 자동차 기술을 자동차 제조업체에서 주도했다면, 자율주행 자동차는 오히려 정보기술 업체들이 더 활발하게 연구하고 생산단계까지 도달해 있다. 검색엔진으로 출발한 IT기업 구글과 그래픽기술 전문 업체 엔비디아가 대표적인 사례다. 최근에는 애플도 기술 제휴를 위해 완성차 생산업체를 찾고 있는 중이다. 이들 기업은 주변 사물을 인식할 수 있도록 돕는 첨단 센서와 높은 성능을 내는 그래픽 처리 장치GPU의 도움을 받아 기술업체다운 자율주행 자동차의 개발에 착수해 이제 생산 단계까지 오게 된 것이다.

기존 자동차 제조업체도 이에 밀리지 않고 자동차의 심장을 배터리로 바꾸고 있다. 또한 기술업체가 개발한 각종 스마트 기능을 자동차에 적용하기 위해 시도하는 등 노력을 경주하고 있다. 스마트폰이나 스마트워치 같은 모바일 기기와 자동차를 엮으려는 시도가 대표적이다. 전기 자동차의 개발이 계속되는 만큼 테슬라의 주가도 고공행진을 이어가고 있다. 한국의 대표 자동차 생산업체인 현대와 기아자동차도 자율주행 자동차에 미래를 걸고 치열한 경쟁을 준비하고 있다.

④ 수소 경제학

수소차FCEV는 가솔린 내연기관 대신 수소와 공기 중의 산소를 반응시켜 얻은 전기를 이용해 모터를 구동하는 방식으로 운행하는 자동차다. 수소연료전지자동차, 연료전지차라고도 부른다. 수소차는 주행 시 이산화탄소 등 탄화수소물을 전혀 배출하지 않고 오직 물과 수증기만 내보내므로 궁극의 친환경 운송 수단이라고 불리고 있다.

이 와중에 세계적인 수소차 생산업체 니콜라가 사기 혐의 등으로 몸살을 앓고 있다. 반면 현대자동차는 2020년 6월 세계 최초 양산형 수소트럭 엑시언트를 스위스에 수출한 데 이어, 2022년에는 미국 수소트럭 시장에 진출할 예정이다. 같은 해 중국 쓰촨성 상용차 공장에서도 중형 수소트럭의 생산을 계획하는 등 글로벌 전략을 강화하고 있어 향후 수소전기자동차 시장의 선두 주자가 되기 위한 행보를 이어 나가고 있다.

그러나 상용차인 수소트럭을 대량 생산한 업체는 세계에서 현대차가 유일하다. 일본 자동차 기업인 도요타, 혼다 등이 수소전기차를 내놨지만 승용차였다. 현대차는 현재 전북 전주공장에서 수소트럭을 생산 중인 것으로 알려져 있으며, 수소트럭을 포함한 수소전기차 연간 생산목표를 올해 1만1000대에서 2022년 4만 대, 2025년 13만 대, 2030년에는 50만 대로 늘리겠다는 사업전략을 내놨다.

현대자동차가 수소연료전지를 상용차에 활용하기로 한 데에는 몇 가지 이유가 있다. 수소트럭이 전기트럭에 비해 충전시간이 짧다는 점, 주행거리는 길고 공차 중량은 가볍다는 장점 때문이다. 수소트럭은 연료전지스택이 주행 중에도 계속 전기를 만들어 내기 때문에 순수전기 트럭처럼 큰 배터리가 필요하지 않다는 것도 장점이다.

2016년 세계경제포럼인 다보스포럼에서 독일의 경제학자 클라우스 슈밥Klaus Schwab 박사가 처음으로 '제 4차 산업혁명'이란 용어를 언급했다. 이후 세상은 지능과 정보의 혁명으로 빠르게 변화하고 있다. 실제로 로봇이 사람을 대신하고, 스마트 시티, 자율주행자동차, 전기 자동차, 수소전기자동차 등이 등장해 기존의 질서를 무너뜨리고 새로운 질서를 만들어 나가고 있다. 이러한 변화를 읽고 투자의 방향을 설정할 수 있어야 급변하는 세상에서 기회를 찾는 현명한 투자자가 될 수 있을 것이다.

【아내 몰래 비상금 3억 모으기】는
위기에서 변화를 읽고 황금 CHANCE를 잡은 결과물이다.
-기회= 변화되는 세상의 흐름 속에서 진주를 찾는 과정-

좋은 주식과
나쁜 주식은 따로 있다

| 오르면 좋은 주식, 내리면 나쁜 주식?

주식을 하면서 자신이 선택한 종목이 나쁜 종목이라고 생각하는 사람은 아무도 없을 것이다. 나쁘다 생각되었으면 선택 자체를 하지 말았어야 한다. 자신이 신중하게 검토하고 선택한 종목이기에 나쁜 주식이 아니라 좋은 주식인 것이다. 그러나 아무리 좋은 주식을 선택했더라도 매수 후 주가가 힘을 잃고 하락하면 '안 좋은 주식인가'하고 생각하게 마련이다. 이 순간부터 좋은 주식이었던 것이 사실은 나쁜 주식이었다고 믿게 된다.

『현명한 투자자』[7]의 저자로 현대 증권 분석의 아버지이자 가치투자의 창시자로 널리 인정받는 벤자민 그레이엄Benjamin Graham은 "세상에 좋은 주식, 나쁜 주식이란 없다. 단지 비싼 주식과 싼 주식만 있을 뿐이다."라고 했다. 역시 좋고 나쁨의 문제가 아니다. 주식 가격이 높은지 낮은지의 차이만 있을 뿐 아무리 좋은 주식이라 하더라도 수익을 내야 하는 투자자들의 입장에서 주가 하락으로 손실이 발생되고 고통스럽다면 그 주식은 나쁜 주식이라 할 수 있다.

앞에서 언급했던 종목인 Oxx는 최초 매입할 당시 주당 477,000원으로 계속 상승하고 있었다. 기업 분석 결과 기업가치, 성장성, 향후 전망 등 여러 가지 상황들이 분명 좋은 주식임을 말해주고 있었다. 증권사 리포트에서도 목표 주가를 100만 원으로 보고 있었기 때문에 매수하자마자 오르더니 결국 66만 원까지 올랐다. 이런 종목을 누가 나쁜 주식이라고 말할 수 있으랴? 투자자의 입장에서 상당히 매력적이고 좋은 주식이었다.

그런데 분명 좋은 주식이라 생각했던 종목이 갑자기 하락세를 맞기 시작했다. 66만 원에서 50만 원대로, 며칠 후

---

7 벤자민 그레이엄(Benjamin Graham) 『현명한 투자자』 (북돋움, 2015년)

엔 매입가인 477,000원까지 떨어지더니 결국 30만 원 초반대까지 떨어지고 말았다. 상황이 이렇게 되자 마음속에서 근심, 걱정과 함께 분노가 치밀어 오르면서 '이 주식 잘못 샀구나!'하는 생각이 들었다. 그때부터 Oxx 종목은 수익성을 바라보고 투자를 한 나에게는 이미 나쁜 주식이 되어 버렸던 것이다.

일반 투자자의 대부분이 주식 시장에서 이런 패턴으로 매매를 진행할 확률이 높다. 일반 투자자들은 아무리 좋은 주식이라 하더라도 하락하여 저가인 때는 매수하지 않는 특성을 지니고 있다. 주식이 저가로 내려갈 때는 그래프가 파란색이기 때문에 좋은 주식으로 보이질 않는 것이다. 그리곤 마음속으로 나쁜 주식이라는 판단을 내려 버린다. 물론 주가의 하락만으로 나쁜 주식이라 판단하는 것 자체가 무리일 수 있다. 그러나 투자자의 입장에서 볼 때 주식이 손실로 이어지거나 수익성이 떨어진다면 투자 가치가 높은 주식이라 할 수 없는 것이다.

IMF 당시 1억 원 투자로 156억 원을 만들어 내면서 소위 한국의 투자 대가가 된 에셋플러스자산운용 강방천 회장은 "많은 사람들이 나쁜 주식을 선택해 어쩔 수 없이 장기 투자하는 경우가 많은데 나쁜 주식과 함께 오래가는 것은 지옥으로 가는 길이다"라고 말한 바 있다. 이는 곧 일반 투자자들이 투자를 시작할 때 많은 고민과 공부를 통해 좋은 주식에 투자하는 습관을 길러야 함을 강조하는 것이다.

ㅣ 좋은 주식(Good stock)이란?

아내 몰래 비상금 3억 모으기를 수행해 나가던 초창기에 가장 큰 고민은 좋은 주식을 찾는 것이었다. 그렇게만 하면 종잣돈이 순식간에 눈덩이처럼 불어나 금방 목표를 달성할 수 있을 것만 같았다. 매일매일 주가가 상승하는 종목, 매수 후 크게 신경 쓰지 않아도 시간이 경과하면서 회사의 가치가 올라 자연히 주가에 반영되는 종목, 즉 좋은 주식을 찾는 것이 목표 달성의 지름길이라 생각했다.

삼성전자의 경우, 1991년 1월 3일 310원(액면분할 후 기준)이던 주가가 30년 후인 2021년 1월 11일에는 역사적 고점인 96,800원까지 올랐다. 주가가 312배 가까이 상승한 셈이다. 이해가 어렵겠지만 매년 주가가 10배 넘게 상승했던 종목이다. 일반 투자자들이 삼성전자를 두고 좋은 주식이라고 하는 이유이기도 하다.

요즘처럼 증권 시장이 발달해 있고 투명한 상황에서 삼성전자와 같은 주식이 또 나타나기는 어렵다고 본다. 나타난다 해도 그것이 일반 투자자들에게 보일 가능성은 매우 희박하다. 그러니 일반 투자자들은 삼성전자처럼 좋은 주식을 찾기 위해 더 많은 노력을 기울일 필요가 있다.

① 좋은 주식(기업) 찾는 법

주식 시장에서 좋은 종목만 찾아낼 능력이 있다면 주식 투자는 무조건 성공하게 되어 있다. 좋은 주식을 찾는 간단한 방법은 삼성전자 같은 기업을 찾아내는 것이다. 그러나 삼성전자도 처음부터 누구나 투자만 하면 성공하는 좋은 주식(기업)으로 평가받지는 못했다.

삼성전자의 미래 비전을 알아본 투자자가 첫째, 오랜 기간 기업을 다양한 각도에서 살펴보고, 둘째, 회사의 기본인 재무제표를 면밀히 분석하고, 셋째, 삼성전자에서 나오는 제품은 어떤 것이 있는지 알아보고 직접 사용해 보고, 넷째, 소비자들로부터 어떤 평가를 받고 있는지 꼼꼼하게 살펴보았을 것이다. 이런 식으로 여러 단계에 걸쳐 검토를 한 끝에 투자를 결정해 장기간 보유한 결과 300배 이상의 수익률을 낼 수 있었던 것이다. 즉, 노력이 더해지지 않으면 아무리 좋은 주식이라 할지라도 수면 위로 끌어낼 수가 없다. 노력하지 않는 투자자는 주변 사람들이 좋은 주식을 발견하는 모습을 지켜볼 수밖에 없을 것이다.

② 좋은 주식의 특징

좋은 주식은 두말할 필요도 없이 투자자들에게 수익을 많이 안겨주는 종목이다. 아무리 좋은 주식이라도 투자자가 주식을 매입한 후 수익이 발생되지 않고 주가가 계속 하락한다면 좋은 주식이라고 할 수 없다. 투자 수익이 계속해서 발생하는 주식이 좋은 주식이다.

주식 시장에서 좋은 주식의 특징을 결정하는 요인은 '수급, 실적, 재료, 모멘텀' 네 가지이다. 투자자에게 많은 수익을 안겨주는 좋은 주식은 첫째, 수급이 좋아야 한다. 주식의 수급은 주가를 상승시키는 결정적인 요인인데 기관과 외국인이 주식을 얼마나 매수하느냐는 주가에 많은 영향을 미친다. 최근 동학개미 운동으로 개인의 수급 상황도 중요해졌지만 아무래도 기관이나 외국인의 선호도와 매매동향이 중요하게 작용한다. 둘째, 실적이 뒷받침되어야 한다. 기관과 외국인이 선호하는 주식은 일단 실적이 뒷받침되는 주식이라고 볼 수 있다. 실적이 따르지 않는 주가 상승은 언제 무너질지 모르는 모래성과도 같다고 생각하면 된다. 셋째, 다양한 재료를 가지고 있는 주식은 주가에 긍정적인 영향을 미친다. IPO(자회사 상장), 특허나 신제품 개발, 주식의 분할이나 합병 등 다양한 이벤트 형식의 재료를 가지고 있으면 주가는 상승한다. 넷째, 상승 모멘텀이 살아있어야 한다. 모멘텀은 주가의 방향을 나타내는 것으로서 주식은 한 번 오르기 시작하면 계속 상승하려는 성질을 가지고 있다. 이처럼 주가가 상승하고자 하는 모멘텀이 살아있는 주식이 좋은 주식이라 할 수 있다.

③ 좋은 주식의 기준

필자는 좋은 주식을 찾기 위해 선택한 주식을 다양한 각도에서 검증하는 편이다. 그리고 일정한 기준을 설정해 놓고 기준에서 2가지 이상 어긋날 경우 일단 좋은 주식에서 제외시킨다.

- 미래 비전을 제시하고 뚜렷한 경영철학을 가진 CEO
- 기업 가치(VALUE)와 이념(MISSION)에 맞는 우수한 인재 확보 여부
- 매출 규모와 꾸준한 성장성
- 제품, 서비스의 경쟁력

- 기업의 펀더멘탈(fundamental) 유지 정도
- 좋은 자회사를 황금알처럼 품고 있는지?
- 불황 속에서 실적이나 주가 등이 반짝이는 주식인지?

좋은 주식을 찾아서 매매를 하게 되면 하락장에서도 주가가 크게 하락하지 않는다. 하락을 하더라도 다른 주식에 비해 회복 속도가 빨라 금방 하락 전 주가로 복귀하는 성향이 강해 투자자들을 안심시킨다. 그렇기 때문에 장기적으로 보유해도 투자자들을 크게 실망시키지 않는다. 결국 좋은 주식은 꾸준한 성장을 이루어 투자자들에게 큰 수익을 안겨 준다.

| 나쁜 주식(Bad stock)이란?

초보 투자자가 인터넷과 스마트폰으로 좋은 주식을 찾고 있는데 갑자기 '급등주 추천', '수익률 대박 보장'이라며 이 모든 것을 무료로 제공한다는 문자가 온다고 가정해 보자. 비용이 들지 않는다는 게 조금 의심스럽긴 하겠지만 분명 문자에 현혹되어 일단 몇 주를 매수하는 경우가 많다.

그런데 매수와 동시에 추천 주식의 주가가 상승한다면 어떨까? 일단 투자에 성공한 초보 투자자는 의심의 여지도 없이 흥분한 상태로 추가 매수에 들어갈 것이다. 결국 대부분의 투자 자금을 한 종목에 투자해 버리는 실수를 범하게 된다. 이 경우 십중팔구 작전 세력에 걸려들었을 확률이 높다. 이런 주식은 하락하기 시작하면 순식간에 바닥까지 하락하는 것은 물론, 쉽게 회복되지도 않는다. 전형적인 나쁜 주식인 것이다.

그러나 단순히 주가의 하락만으로 나쁜 주식으로 점철되는 것은 아니다. 주가가 하락하는 데에는 분명 이유가 있다. 다른 주식들은 상승하는데 내가 가진 종목이 하락을 할 때는 그 기업이 변화에 순응하지 못해 도태되거나, 제품이나 서비스의 경쟁력이 떨어지거나, CEO RISK 등으로 기업의 가치가 떨어지면서 주가 하락으로 이어져 나쁜 주식이 되는 것이다. 이러한 주식은 매도할 기회조차 주지 않고 주가가 하락해 투자자들을 고통 속에 밀어 넣고 빠져 나오지도 못하게 만들어 버린다.

특히 초보 투자자들이 나쁜 주식에 빠져 들기 쉽다. 이들은 주식 투자에 대해 이해하지 못한 상태에서 투자부터 실행하기 때문에 선수(악질투자자)들이 순수한 초보들의 심리상태를 교묘하게 이용하는 경우가 많기 때문이다.

초보 투자자들이 경계해야 할 1호가 바로 아는 사람을 통해 받은 정보인 이른바 '카더라' 종목이다. 정보를 받고 관련 종목을 검토해 보면 실적이나 재무사항 등 여러 가지 사항이 양호해 보이는 경우가 대부분이다. 하지만 그 정보가 나에게 올 정도라면 어디까지 흘러들어 갔을지 한번쯤 생각해 볼 필요가 있다. 이미 대부분의 사람들이 그 정보를 알고 있다고 보아야 하며 십중팔구는 이 주식을 매수해 줄 사람이 필요해서 정보를 흘렸을 가능성도 있다고 봐야 한다.

전문가라며 아는 사람이 추천해 주는 주식도 경계를 해야 할 필요성이 있다. 가급적이면 종목 추천은 하지 않는 것이 바람직하다고 본다. 필자는 주식 추천은 하지 않는 편이다. 어쩔 수 없이 종목을 추천해야 할 때는, 필자가 매수하는 종목으로 그것도 매수하는 시간, 늦어도 장마감 전까지는 해 주어야 한다고 생각한다. 지인의 종목 추천 역시 앞선 '카더라'의 경우와 마찬가지로 이미 정보가 노출되고 공개되었을 가능성이 크다. 역시 그 정보를 믿고 매매를 한다면 십중팔구 매매 후 하락하는 나쁜 주식일 가능성이 크다.

나쁜 주식은 매매하지 않는 편이 훨씬 낫다. 매매가 이루어지고 나면 추천해 준 사람을 탓할 수도 매매를 취소할 수도 없다. 따라서 사전에 차단하려는 노력이 필요하다. 특히 초보 투자자의 경우 투자로 성공할 확률보다 실패할 확률이 훨씬 높기 때문에 스스로 자기 방어 능력을 키워야 한다. 최근에는 다양한 증권 솔루션 시스템이 개발되어 있어 누구나 손쉽게 정보를 확인할 수 있다. 그러나 어떤 정보를 취할 것인지는 투자자의 선택에 달린 일이다.

① 나쁜 주식을 찾아내는 간단한 방법

주식 투자 경험이 많은 사람들은 자신이 매매하는 종목에 대하여 다양한 검증 시스템을 가지고 있기 때문에 좋은 주식과 나쁜 주식을 찾아낼 수 있다. 하지만 그렇다고 반드시 주식 매매에 성공하는 것은 아니다. 그래서 주식 투자가 어려운 것이다. 이처럼 투자 경험이 많은 사람들도 투자에 실패하는 경우가 있는데, 하물며 주식 초보자들은 어떻겠는가?

필자는 다양한 도구를 이용한 검증을 별로 선호하지 않는다. 최대한 단순하면서도 쉬운 방법으로 주식을 검증하기를 권하고 있다. 특히 초보 투자자의 경우는 복잡한 시스템 사용으로 인해 시간을 낭비하고 스트레스를 받을 수 있기 때문에 보다 쉽고 간편하게 검증할 수 있는 다음의 방법을 소개하고자 한다.

NAVER 금융 종목 조회 방법

네이버 메인 페이지에서 '증권' 탭을 클릭하면 [NAVER 금융] 페이지가 나온다. 검색란에 종목명이나 지수명 등을 입력하면 해당 종목의 현재 가격과 전일 가격, 고가, 시가, 저가, 거래량, 거래대금 등을 확인할 수 있다. 아주 간단하게 종목에 대한 기본적인 사항을 파악할 수 있는 것이다.

다음 이미지는 좋은 주식의 대표격인 삼성전자를 조회한 화면이다. 현재 가격이 전일에 비해 600원 상승했기 때문에 붉은 색으로 표시가 되어 있고, 종목의 당일 주가와 거래량

등을 확인할 수 있다. 이렇게 네이버 금융을 통하면 투자하고자 하는 종목의 현황을 쉽고 간편하게 조회할 수 있다.

NAVER 금융 종목 분석 방법

하단의 종목 분석탭을 클릭하면 해당 종목의 PER을 확인할 수 있다. PER은 주식이 고평가되고 있는지를 말해주는 수치로, 네이버에서는 해당 종목과 동종업계의 수치를 함께 비교할 수 있다. 가급적이면 동종업계의 PER을 기준으로 삼아 투자하는 것이 좋다. PER 수치가 동종업계에 비해 너무 높으면 주가 하락의 빌미가 될 수 있어 투자에 유의해야 하기 때문이다. 단, 최근 성장주들의 경우는 PER과 크게 상관없이 주가가 형성되고 있다는 것을 참고하자.

삼성전자의 경우 PER이 21.27이고, 업계 평균은 18.78로 평균에 비해 약간 높은 수준이지만 이 정도는 아무 문제가 되질 않는다.

NAVER 금융 차트 보는 방법

차트 분석은 복잡하기 때문에 여기서는 따로 언급하지 않는다. 복잡하기도 하지만 너무 차트만 믿고 투자 결정을 하는 것도 바람직한 투자 방법은 아니라고 생각한다. 그러나 종목의 전체적인 흐름을 파악할 때 차트는 좋은 도구가 된다. 차트를 볼 때는 딱 하나만 기억하자. 좋은 주식은 우상향을, 나쁜 주식은 우하향 그래프를 그린다는 것을.

위의 이미지는 삼성전자의 차트다. 전형적으로 좋은 종

목이기 때문에 그래프가 언제나 우상향을 그리고 있음을 알 수 있다.

NAVER 금융 포괄 손익 계산서

항목	2016/12 (IFRS연결)	2017/12 (IFRS연결)	2018/12 (IFRS연결)	2019/12 (IFRS연결)	2020/12 (IFRS연결)	전년대비 (YoY)
매출액(수익)	2,018,667.5	2,395,753.8	2,437,714.2	2,304,008.8	2,368,069.9	2.8
*내수						
*수출						
매출원가	1,202,777.2	1,292,906.6	1,323,944.1	1,472,395.5	1,444,883.0	-1.9
매출총이익	815,890.3	1,102,847.2	1,113,770.0	831,613.3	923,186.9	11.0
판매비와관리비	523,483.6	566,396.8	524,903.4	553,928.2	563,248.2	1.7
영업이익	292,406.7	536,450.4	588,866.7	277,685.1	359,938.8	29.6
*기타영업손익						
영업이익(발표기준)	292,406.7	536,450.4	588,866.7	277,685.1	359,938.8	29.6
*[구K-IFRS]영업이익						
금융수익	113,856.5	97,373.9	99,993.2	101,616.3	122,676.0	20.7
금융원가	107,066.1	89,789.1	86,089.0	82,748.7	113,180.6	36.8
기타영업외손익	7,744.5	15,910.1	3,430.2	3,639.6	-11,048.3	-403.6
종속기업,공동지배기업및관계기업관련손익	195.0	2,014.4	5,398.5	4,129.6	5,065.3	22.7
법인세비용차감전계속사업이익	307,136.5	561,959.7	611,599.6	304,321.9	363,451.2	19.4
법인세비용	79,875.6	140,092.2	168,151.0	86,933.2	99,372.9	14.3
종속회사매수일전순손익						
처분된종속회사순손익						
계속사업이익	227,260.9	421,867.5	443,448.6	217,388.7	264,078.3	21.5
중단사업이익						
*중단사업법인세효과						
당기순이익	227,260.9	421,867.5	443,448.6	217,388.7	264,078.3	21.5
기타포괄이익	19,914.0	-55,022.6	-122.4	30,161.9	-36,739.1	-221.8
총포괄이익	247,174.9	366,844.9	443,326.2	247,550.6	227,339.3	-8.2
*주당계속사업이익	157,967	5,997	6,461	3,166	3,841	21
*주당순이익	157,967	5,997	6,461	3,166	3,841	21
*희석주당계속사업이익						
*희석주당순이익						
*(지배주주지분)주당계속사업이익	157,967	5,997	6,461	3,166	3,841	21
*(지배주주지분)주당순이익	157,967	5,997	6,461	3,166	3,841	21
*(지배주주지분)희석주당계속사업이익						
*(지배주주지분)희석주당순이익						

* 재무실적 업데이트는 검수 및 주석반영으로 공시 이후 약 일주일 정도 소요되며, 기업별로 다르게 적용됨

* 비율간 전년대비는 [당기]-[전기]로 계산된 %p 데이터

앞의 이미지는 재무분석 탭에서 포괄 손익 계산서를 클릭했을 때 볼 수 있는 도표로, 삼성전자의 포괄 손익 계산서다. 좋은 주식과 나쁜 주식을 찾을 때 반드시 확인해야 하는 항목이다. 좋은 주식은 매출액 규모가 크고 매출총이익, 영업이익, 당기순이익 등 각 항목에 나타나 있는 글자색이 검은색으로 구성되어 있어야 바람직하다. 전년 대비 증가치가 클수록 좋은 기업이라고 할 수 있다.

나쁜 주식은 두 가지만 확인해 보면 쉽게 알 수 있다. 첫째, 차트가 우하향을 그리는 경우다. 또한 매입 당시 우상향을 그려 좋은 주식이라 판단하고 매매했는데 이후 우하향한다면 결국 나쁜 주식에 해당한다. 둘째, 포괄 손익 계산서에 수치가 빨간색(본 책에서는 보라색)으로 표기되어 있는 경우다. 빨간색 글씨는 적자 혹은 이익 감소를 나타내므로 나쁜 주식에 해당된다.

다음의 이미지는 4년 이상 적자를 지속한 끝에 현재 거래 정지되어 있는 주식의 차트와 포괄 손익 계산서다. 먼저 차트를 보면 급등 후 우하향을 그리면서 회복이 되지 않은 전형적인 나쁜 주식임을 알 수 있다. 그리고 포괄 손익 계산서를 보면 수치들이 거의 빨간색(본 책에서는 보라색)으로 표기되어 있다. 즉 적자가 많아 곧 상장 폐지가능성이 있는

나쁜 주식의 우하향 차트와 포괄 손익 계산서

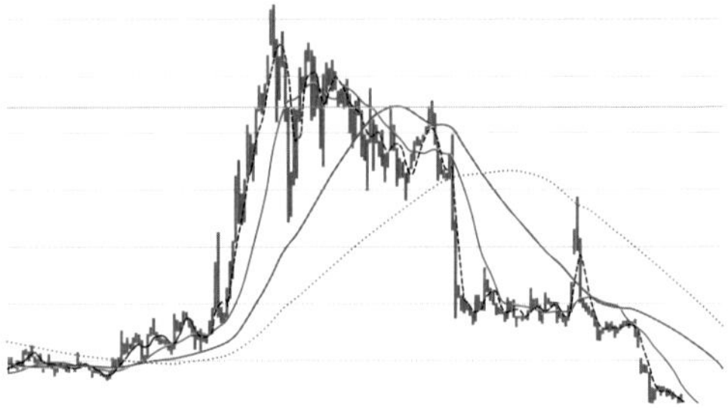

항목	2016/12 (IFRS연결)	2017/12 (IFRS연결)	2018/12 (IFRS연결)	2019/12 (IFRS연결)	2020/12 (IFRS연결)	전년대비 (YoY)
매출액(수익)	230.0	446.9	428.8	452.7	171.7	-62.1
*내수			126.0	103.6		
*수출			302.8	349.1		
매출원가	250.0	519.7	498.7	404.7	247.4	-38.9
매출총이익	-20.0	-72.8	-69.9	48.0	-75.7	-257.6
판매비와관리비	53.2	65.1	79.8	62.5	50.3	-19.4
영업이익	-73.2	-138.0	-149.7	-14.5	-126.0	-771.0
*기타영업손익						
영업이익(발표기준)	-73.2	-138.0	-149.7	-14.5	-126.0	-771.0
*[구K-IFRS]영업이익						
금융수익	10.0	6.3	7.8	6.2	5.9	-5.1
금융원가	8.3	12.5	7.1	8.8	12.2	38.5
기타영업외손익	-105.8	-17.9	-30.0	1.1	8.2	639.9
종속기업,공동지배기업및관계기업관련손익	-25.2	-24.1	-2.1	2.1	-5.5	-369.5
법인세비용차감전계속사업이익	-202.4	-186.1	-181.1	-13.9	-129.7	-831.0
법인세비용	9.8	88.7	4.1	-1.6		
종속회사매수일전순손익						
처분된종속회사순손익						
계속사업이익	-212.3	-274.8	-185.2	-12.3	-129.7	-955.3
중단사업이익						
*중단사업법인세효과						
당기순이익	-212.3	-274.8	-185.2	-12.3	-129.7	-955.3
기타포괄이익	27.4	-33.8	-14.6	5.8	-5.5	-195.4
총포괄이익	-184.8	-308.6	-199.8	-6.5	-135.2	-1,989.1
*주당계속사업이익	-2,526	-3,270	-2,204	-146	-1,543	-957
*주당순이익	-2,526	-3,270	-2,204	-146	-1,543	-957
*희석주당계속사업이익						
*희석주당순이익						
*(지배주주지분)주당계속사업이익	-2,526	-3,270	-2,204	-146	-1,543	-957
*(지배주주지분)주당순이익	-2,526	-3,270	-2,204	-146	-1,543	-957
*(지배주주지분)희석주당계속사업이익						
*(지배주주지분)희석주당순이익						

* 재무실적 업데이트는 검수 및 주석반영으로 공시 이후 약 일주일 정도 소요되며, 기업별로 다르게 적용됨
* 비율간 전년대비는 [당기]-[전기]로 계산된 %p 데이터

기업이다.

이처럼 간단한 방법으로 나쁜 주식을 찾을 수 있다는 것을 이해하고 주식 투자를 하면 나쁜 주식으로 인하여 낭패를 당하는 일은 줄어들 것으로 예상된다.

② 나쁜 주식의 특징

나쁜 주식은 수익이 발생하지 않고 주가가 계속 하락해 투자 원금이 줄어드는 주식이다. 나쁜 주식에 투자했다가는 주식 하락으로 인해 극심한 스트레스와 재산상 큰 손실을 입게 된다. 투자자라면 누구나 한번쯤 경험해 봤을 것이다. 따라서 나쁜 주식은 처음부터 매매를 하지 않도록 사전에 차단하지 않으면 안 된다.

여기서는 투자를 하지 말아야 할 주식의 특성에 대해 살펴보고자 한다. 아래의 내용은 필자의 경험과 유튜브 방송을 토대로 현실에 맞게 정리한 것으로, 참고하면 투자에 도움이 되리라 믿는다.

투자를 가급적 피해야 할 주식

- 재무구조상 차입금이 많은데도 화려함으로 치장하는 기업 (사옥이 화려하거나 직원상여금 등을 원칙 없이 지급하는 기업) - 매출규모가 크지 않고 전년 대비 감소하는 기업 - 수출비중이 높지 않거나 없으며 내수시장에만 공략하는 기업 - 제품이나 서비스에 한계가 있고, 고객이 한정되어 성장성이 둔화되는 기업 - 독립성이 없고 간섭을 심하게 받는 기업 (공공기관, 정부투자기관 등이 해당)

나쁜 주식을 선택하면 불구덩이로 끌려가 긴 시간동안 고통을 느끼게 된다. 좋은 주식을 선택하면 장기간 보유하면서 수익의 즐거움과 희열을 맛볼 수 있다.

【아내 몰래 비상금 3억 모으기】는
좋은 주식과 나쁜 주식 사이에서 고민한 결과물이다.
-투자자에게 좋은 주식은 천국, 나쁜 주식은 지옥과 같다-

우량주도
때로는 지옥이다

| 목표 주가의 함정에 빠지지 마라

【목표 주가가 100만 원으로 전망되는 주식이라고 다 좋은 주식은 아니다】

오랜만에 옛 동료와 만나 저녁 식사를 할 때였다. 어느덧 대화의 주제는 주식으로 이어졌다. 그러던 중에 동료가 부탁 하나를 해 왔다. 퇴직금 중 일부를 주식에 투자하고 싶은데 좋은 종목을 추천해 달라는 부탁이었다. 주식 추천은 잘 해주지 않는 편이라 거절의 의미로 자연스럽게 대화의 방향을 바꿨다. 차마 말을 하진 못했지만 그때 추천해 주고 싶었던 주식은 Oxx이었다.

Oxx, 나에게는 한이 많은 종목이다. 7년 동안 지옥이 어떤 곳인지 경험하게 해 준, 그래서 아무리 좋은 뉴스나 정보가 있어도 절대 쳐다보지 않는 종목이다. 그러나 미국의 조 바이든Joe Biden 대통령이 그린뉴딜 정책을 내세우면서 Oxx가 수혜주로 떠올라 주가가 무려 100% 이상 상승했다. 그때 그 동료에게 이 종목을 소개했다면 양복이라도 한 벌 얻어 입지 않았을까?

Oxx와의 악연은 2009년으로 거슬러 올라간다. 기아자동차로 고수익을 올려 한창 기분이 좋을 때였다. 그때 계좌를 관리해 주던 증권사 후배가 Oxx 투자를 추천했다. 당시 기아자동차를 매도해 증권 계좌에 현금이 제법 들어 있었기에 새로운 투자처를 추천해 준 것이었다.

호재가 많았기에 당시 주가 477,000원에 200주, Oxx에 총 9,540만 원을 투자했다. 목표 주가를 100만 원으로 잡고, 1억 원이 2억 원이 될 날을 기대하며 한껏 부풀어 있었다. 결국 Oxx는 역사적 신고가인 657,000원까지 상승했다. 이때까지만 해도 그 후에 무슨 일이 벌어질지 상상도 할 수 없었다.

사실 지금까지 목표 주가를 100만 원으로 전망하는 종목들은 많았다. 하지만 삼성전자를 포함해 몇몇 종목을 제외하면 대부분은 100만 원의 함정에 빠지곤 했다. 투자자들의 마음만 한껏 부풀려 놓고 곧바로 고통 속으로 밀어 넣는 것이었다. Oxx도 마찬가지였다. 하루 10만 원이나 하락하는 날도 있었다. 그 후 1만 원 상승하면 5만 원 하락했고, 다시 5천 원 상승하고 5만 원 하락하는 상황이 반복됐다. 팔아야 하나 싶을 때 조금이나마 오르니까 매도를 할 수조차 없었다. 정말이지 매일이 고통의 연속이었다. 차라리 지옥이라고 하는 편이 옳다. 결국 1년도 되지 않은 2011년 12월에는 주가가 213,000원까지 내려 매입가 대비 55% 정도 빠지고 말았다. 원금의 45%로는 도저히 매도할 수가 없었다. 하지만 그마저도 다행이었음을 그때는 미처 깨닫지 못했다.

Oxx 종목에 대한 실망감으로 한참이나 주식 시장을 떠나 있었다. 회복의 조짐도 없었다. '아내 몰래 비상금 3억 모으기'의 꿈도 사라져 가는 듯했다. 그렇게 시간이 흘러 결국 7년 후인 2018년 5월, 주가 157,000원에 67%의 손실을 감수하면서 주식을 매도하고 말았다. 7년의 시간은 희망조차 보이지 않는 캄캄한 터널에 갇힌 것처럼 절망적이었다.

Oxx 주가와 수익률 변동 추이

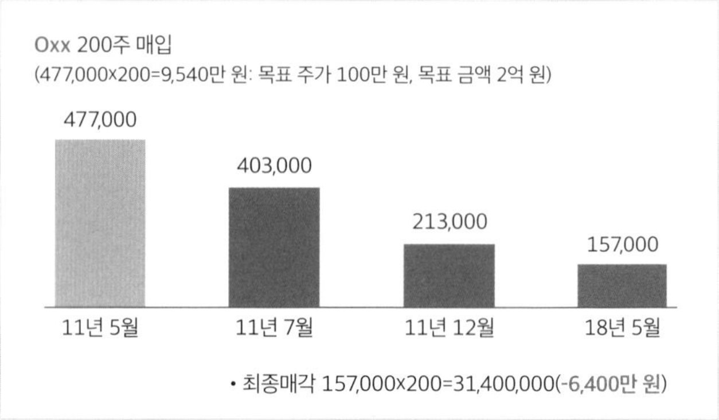

| 7년의 기다림

주식 시장은 그야말로 예측 불가한 곳이다. 주가가 상승하면 한없이 상승할 것 같아서, 하락하면 본전 생각에 매도할 수 없게 만든다. 전문가들은 10% 정도 하락하면 무조건 손절해야 한다고 이야기한다. 즉 10% 선을 손절라인으로 설정하고 10% 하락하면 비록 손해를 보더라도 매도하라고 제시한다. 이론상으로는 그 말이 백번 옳고 필자 역시 공감하는 내용이다. 그러나 주식 시장은 딱 10% 하락하는 선에서 손절라인이 잡히지 않는 경우가 대부분이다. 심하게 하락하는 날은 30%까지 하락하는데 어떻게 10% 선에서 매도를 할 수 있는가?

상승할 때도 마찬가지다. 전문가들의 매매 전략은 10% 상승하면 바로 차익 실현, 즉 매도를 하는 경우가 많다. 그러나 투자자들은 상승하면 그 주식이 한없이 상승할 것 같아 기다리게 된다. 그러면 언제 상승했느냐며 순식간에 하락해 버린다. 그래서 매도 타이밍을 잡을 수 없는 것이다.

Oxx 종목은 도무지 틈을 주지 않았다. 어떤 날은 20%인 10만 원씩 하락하기도 했다. 50만 원이던 주식이 40만원으로 하락하면 팔 수 있는 사람이 과연 몇이나 될까? 줄기차게 하락하기만 하는데 나중에는 너무 화가 나서 어디까지 가는지 기다려 보자는 식이 되어 버렸다. 물론 막판에는 여지없이 많이 하락하던 날에 일부 물타기(매입가격보다 쌀 경우 추가 매입하여 단가를 낮추는 일)를 해서 최종적으로 총 350주를 매도했다. 앞서 본 그래프는 편의상 최초 가격, 최초 매입 주식 수만으로 손실 금액을 계산한 것이다. 실제로는 추가 매입을 통해 전체 손실을 조금 감소시켰다.

주식 시장에서 7년을 기다릴 만큼의 인내심을 가진 사람이라면 주식 투자를 해도 괜찮다고 본다. 그러나 대부분 기다리지 못하고 포기하거나 도망가는 경우가 많다. 그러면 결국 주식 시장에서 돈을 잃고 패배자가 되고 만다. 7년을 인내하면서 비록 금전적 손실은 있었지만 주식의 매도 타이밍, 주식 시장에서 가장 중요한 멘탈 관리 등 소중한 것들을 배울 수 있었다. 무엇보다 장기 투자를 할 때는 종목 선정에 보다 신중해야 한다는 깨달음을 얻은 것이 큰 성과라고 할 수 있다.

| 손실이라도 팔아야 할 주식이 있다

주식은 매도할 타이밍에 매도하지 못하면 큰 낭패를 당하게 된다. 따라서 매도해야 하는 주식은 망설이지 말고 바로 매도를 해야 한다. 그렇다면 어떤 경우에 매도해야 할까? Oxx를 통해 배운 내용과 실패하는 주식들을 나름 분석한 결과, 주식을 매도해야 하는 3가지 상황을 확인할 수 있었다. 다음 내용을 참고하여 매도를 한다면 희망이 없어 보이는 캄캄한 터널에서 빨리 빠져나올 수 있는 지름길을 찾게 될 것이다.

① 상승 모멘텀momentum이 사라지는 종목

모멘텀이란 주식 시장에서 주가가 상승할 때 얼마나 더 상승할지, 하락할 때면 얼마나 더 하락할지를 나타내는 지표다. 상승 모멘텀이 사라진다는 것은 향후 오를 가능성이 적어진다는 의미이기 때문에 그때가 바로 주식 매도 타이밍이다. 반대로 하락 모멘텀이 사라진다는 것은 주가에 긍정적인 영향을 미칠 만한 상황이 발생한 것이므로 향후 주가가 하락할 가능성이 적어 주식 매수 타이밍이 되는 것이다.

Oxx 종목은 후쿠시마 원전 사고 후 무섭게 상승했다. 그러나 후쿠시마 원전 사고가 수습 국면에 들어서자 상승 모멘텀이 사라져 주식이 하락한 것이었다. 이 사실을 몰랐던 필자는 결국 매도 타이밍을 놓쳐 엄청난 손해를 감수할 수밖에 없었다.

② 시장의 상황이 변화되면서 주도주 섹터에서 제외되는 종목

주식 시장은 시시각각 변화가 일어나는 곳이다. 따라서 시장 상황을 잘 바라보고 있어야 실패할 확률을 줄일 수 있다. 시장 상황을 보라는 이야기는 차트나 종목을 중심으로 분석하라는 것이 아니다. 시장을 끌고 가는 주식이 무엇인지 알기 위해서는 전반적인 경제 상황, 국내 주식의 경우 수

출입 동향을 살펴봐야 한다는 것이다. 무엇보다 경제 흐름을 읽는다면 어떤 종목이 움직일지 미리 알 수 있다. 코로나19 상황에서 진단 키트 관련주나 제약 바이오 섹터가 주도주 역할을 하는 것처럼 말이다.

Oxx 종목의 경우, 일본 원전 사고가 수습되는 동안 MB 정권이 점점 끝을 향해 가고 있다는 것이 중요한 시장의 변화였다. 그런 상황에 제대로 대처하지 못한 것이 실패의 원인이었다. 한때 주식 시장을 이끌던 주도주가 이제는 주도주에서 제외되어 가고 있다는 사실을 간과했으니 실패할 수밖에 없었던 것이다.

③ CEO 리스크Risk가 크게 상승하는 종목

주식 시장에서 CEO 관련 리스크는 매우 중요한 사항이다. 대부분 잘 나가는 종목을 보면 CEO 리스크가 거의 없다. 있다 하더라도 시스템이 잘 갖추어져 있으면 외부로 잘 드러나지 않는데 이런 경우에는 상관없다. 그러나 간혹 잘 나가던 주식이 아무 일도 없는데 갑자기 출렁이며 하락하는 경우를 볼 수 있다. CEO 리스크가 발생한 것이다. 우리나라처럼 가족 경영이 많은 나라에서는 이런 경우가 허다한 편이다. 따라서 CEO 리스크가 발생하여 주가에 영향을 미칠 때는 미련 없이 주식을 매도해야 한다.

주식 투자로 돈을 벌었다고 자만하면 상황이 역전되어 오히려 큰 손실로 이어지는 경우가 많다. 특히 여기저기서 목표 주가를 100만 원으로 올린다는 장밋빛 전망이 나온다고 흥분하면 낭패를 당한다. 주식 시장에서는 수익이 날수록 침착하게 살펴야 하며 다양한 각도에서 주식을 바라볼 필요가 있다. 주식을 매도할 타이밍이 오거든 미련 없이 매도할 수 있는 능력을 키우는 것도 중요하다.

주식 시장에서는 성공할 수도 있지만 실패할 수도 있다. 아니, 실패할 확률이 성공할 확률보다 높을 수 있다. 그렇더라도 실패를 두려워하면 안 된다. 선택한 종목이 실패하면 원인을 철저히 분석하고, 현 상황에서 최선의 해결책이 무엇인지, 또 손실을 봐야만 하는 상황이라면 손실을 최소화할 수 있는 방법을 찾아야 한다. 이런 능력을 키울 때 주식 투자의 성공 확률이 높아지는 것이다.

Oxx의 경우도 50% 이상 하락했을 때 실패를 인정하고 빠르게 매도로 전환했더라면 손실 폭을 줄일 수 있었을 것이다. 혹은 다른 방법을 찾았다면 수익으로 연결될 수도 있었다. 필자는 이 모든 사실을 한 차례의 실패 후에 깨달았지만, 이 책을 보는 독자들은 부디 실패 앞에서도 당황하고 있지만은 않길 바란다.

"실패를 두려워하지 말고 도망가지 마라."는 말처럼 실패 속에서 희망을 찾는 투자자가 되어야 한다.

【아내 몰래 비상금 3억 모으기】는
주식 시장의 함정에 빠져도 빛을 찾아 나온 결과물이다.
-실패 속에서 실망하지 않고 새로운 길을 찾는 자가 현명한 투자자-

1등 주식에 투자하라

| 낮은 주가만 찾는 사람들

투자에 자신이 없는 사람, 특히 2~30대의 초보 투자자들에게 종목을 선택하라고 하면 최우선적으로 가격이 저렴한 주식에 관심을 갖는다. 어찌 보면 당연한 이야기일 수 있다. 저가 주식을 매매해서 수익을 크게 얻고자 하는 심리가 작용하기 때문이다.

98년도 6월에 터진 IMF 외환 위기 이전으로 기억된다. 당시만 해도 주식 투자는 한전, 포항제철 등 국민주 정도만 알고 있었으니까 투자에 엄두조차 못 낼 때였다. 하지만 주식 시장에 일찍 눈뜬 동료 직원의 권유로 IT 관련 종목을 몇 주 사게 되었다. 다른 뜻이 있었던 건 아니고 주식으로 제법 큰돈을 벌고 있었던 동료가 부럽기도 하고 용돈이라도 벌겠다는 순수한 마음에서 매매했던 것이다.

곧 외환 위기가 터졌고 매수했던 종목이 상장 폐지되었다는 통보를 받았다. 나중에 안 사실이지만 당시 삼성전자 주식에 비해 그 종목의 주가가 형편없이 낮은 가격도 아니었다. 차라리 그 종목 대신 삼성전자 주식을 사 두었더라면 최소 원금의 몇 십 배 이상은 올랐을 것이다.

삼성전자는 한때 주가가 300만 원 가까이 올라가기도 했던 종목이다. 소액 투자자들에게 주당 300만 원이나 하는 삼성전자는 부담스러운 종목일 수밖에 없었을 것이다. 하지만 액면 분할로 주가가 1/50로 줄어들자 소액 주주를 포함한 주주가 24만 명에서 175만 명으로 급격히 증가했다. 그간 삼성전자를 선호했지만 눈치만 보던 소액 투자자들이 액면 분할 이후 삼성전자 주식을 대거 매수한 결과로 분석된다. 물론 이 수치만으로 분석하는 것이 이치에 맞지 않을 수도 있다. 그러나 액면 분할 후 투자자가 늘었다는 것은 대부분의 투자자가 고가보다는 저가의 주식을 선호한다는 논리일 수 있다.

주가가 저가라고 다 나쁜 주식은 아니다. 하지만 동종업계의 평균가격(단순한 주가가 아닌 시가총액 등을 고려한 평균가격)과 비교해 형편없이 저가인 주식을 매매하면 큰 낭패를 당하기 쉬운 곳이 주식 시장이다. 주가가 터무니없이 저가인 이유는 실적이 뒷받침되지 않거나 거래량도 매우 적은 경우가 대부분이다. 매출액, 영업이익, 당기순이익 등이 적거나 적자일 가능성이 매우 높은 것이다. 그런 상황을 파악하지도 않고 무조건 저가의 종목을 선호하면 위험물을 안고 불구덩이로 들어가는 꼴이 된다. 물론 잘 고르면 큰 수익으로 이어지는 종목도 있을 수 있다. 하지만 저가일수록 그 이유를 철저히 조사하고 분석해 볼 필요가 있다.

| 시가 총액 10대 기업을 기억하라

시가 총액은 주식총수에 현재 주가를 곱한 금액(시가 총액=주식총수 × 현재 주가)을 말한다. 국내 대표 기업인 삼성전자의 시가 총액은 500조 원에 육박하고 있다. 2위 기업인 SK하이닉스의 시가 총액이 100조 원 정도이니 무려 5배나 차이가 난다는 것을 확인할 수 있다. 그러나 최근 주식 시장의 변동성이 워낙 심해 1위 삼성전자를 제외하면 시가 총액의 순위가 계속해서 뒤바뀌고 있다. 그렇다고 해도 시가 총액 순

위에서 10위권 내에 있는 기업들은 확실히 눈에 익을 것이다.

한국 역대 시가 총액 10위 기업

순위	1985	1995	2005	2015	2020
1	현대	한전	삼성전자	삼성전자	삼성전자
2	대우	삼성	한전	SK하이닉스	SK하이닉스
3	삼성	포항제철	LG필립스	현대차	LG화학
4	럭키	대우중공업	POSCO	한국전력	삼성바이오
5	국제	한국이통	SKT	삼성SDS	셀트리온
6	쌍용	LG전자	국민은행	제일모직	네이버
7	경남기업	현대차	현대차	아모레퍼시픽	삼성SDI
8	범양산업	유공	KT	삼성생명	현대차
9	효성	신한은행	LG전자	현대모비스	카카오
10	선경	조흥은행	S-Oil	POSCO	삼성물산

표에 의하면 80년대와 90년대는 시가 총액 1위 기업이 종종 바뀌었던 것으로 나타났다. 80년대는 현대가 강세였고, 90년대는 한전이 두각을 나타내기도 했다. 그러나 2000년대부터는 삼정전자가 시가 총액 1위의 자리를 한 번도 빼앗기지 않았다는 것이 특징이다.

과거와 현재를 막론하고 시가 총액 10위 기업은 그 시대를 대표하는 최고의 종목이다. 이들 기업은 고민하지 않고 투자하더라도 시가 총액이 낮은 기업에 비해 손실구간에서도 큰 손해를 보지 않고, 주식 시장이 안정적일 때는 비교적 높은 수익을 올릴 수 있다.

<시가 총액 10대 기업의 특징>

① 좋은 기업군에 속한다.

앞서 설명한 좋은 기업의 대부분은 시가 총액 10위 내에 속한다. 이들 기업군은 고민하지 않고 투자를 해도 위험에 크게 노출되지 않는다는 장점을 가지고 있다.

② 주가 지수가 코스피 지수와 거의 연동된다.

특히 2000년 이후 1위를 놓치지 않은 삼성전자의 주가 지수는 코스피 지수와 거의 일치하는 특성을 가지고 있다. 코스피 지수와 연동된다는 것은 주가 예측이 비교적 쉽기 때문에 수익을 창출하기 쉽다는 의미이기도 하다.

③ 주가의 회복이 빠르다.

주식 시장은 주가가 계속 오르는 것이 아니라 조정기간이 있기 마련이다. 조정이 길어지면 투자자들이 힘들어진다. 하지만 시가 총액 10위 기업은 조정이 있어도 크게 영향을 받지 않거나 주식 시장이 안정되면 빠르게 회복하는 경향이 있다.

초보 투자자일수록 위험 자산인 주식을 고를 때 가급적 시가 총액이 큰 10위 내의 종목을 선택하게 되면 다른 주식에 비해 위험성도 덜하고 비교적 안전하게 자산을 보호할 수 있다. 따라서 초보 투자자들은 충분한 내성을 키울 때까지 시가 총액 10위 이내 종목으로 매매하는 것이 자산을 지켜내기에 유리한 방법이다.

| 1위 종목 중심, 3위는 마지노선

전기 자동차가 대세에 접어들었다. 불과 2~3년 전만 하더라도 전기 자동차는 일반인에게 관심의 대상이 아니었다. 그러나 최근 들어 도로에 녹색 번호판이 하나둘 보이기 시작했고 어디서든 세계적인 전기 자동차 회사 테슬라 이야기가 자주 등장한다.

전기 자동차 시장에서 테슬라가 급부상하면서 배터리 분야 역시 주목받기 시작했다. 한국을 넘어 전 세계 1위인 LG화학을 살펴보자. 2020년 3월 19일자 LG화학의 종가는 23만 원이었다. 차화정의 한 종목으로서 한때 주가가 40만 원을 훌쩍 넘기며 한국 주식 시장을 이끌던 주식이라 저가로 느껴질 수밖에 없다. 하지만 곧바로 주가를 회복한다 싶더니 이내 전고점을 몇 번씩이나 갈아치우면서 무섭게 상승했다. 결국 일반 투자자들은 도저히 바라볼 수조차 없을 정도로 주가가 치솟았다. 웬만한 고수가 아니고서야 80만 원까지 오른 주식에 매매 욕심을 가질 수는 없을 테니까 말이다.

하지만 전기 자동차 시장의 성장은 지속될 것이라는 전망이 하루가 멀다 하고 나오는 상황에서 당장이라도 배터리 관련주를 포트폴리오에 담아야 할 것 같은 생각에 마음이 급해지기 시작했다. 그러나 LG화학은 주가가 너무 오른 상태라 매매하는 것 자체가 두렵게 느껴졌다.

결국 LG화학을 대신해 30만 원대에서 거래가 되고 있던 S배터리를 선택했다. 당시 배터리 업체 가운데 국내 2위, 세계 5위를 달리고 있던 S배터리도 2020년 3월 저가를 기록한 이후 주가가 비교적 큰 폭으로 올라 있는 상태였다. 하지만 LG화학과 비교했을 때 저평가된 것 같아 매입해도 괜찮겠다는 생각이 들었다. 투자할 여력이 없어 때마침 투자를 준비하고 있던 딸에게 추천하여 매입하도록 했다. 현재 딸 주식 계좌에 포함되어 있는 S배터리는 100% 이상 상승해 고수익을 기록하고 있다.

어느 종목이든 대장주는 있게 마련이다. 그러므로 시가 총액 1위 기업인 대장주를 선택하는 것이 투자에서 가장 현명한 방법이라 할 수 있다. 만약 1위 기업이 너무 많이 상승해 두렵게 느껴진다면 1위를 뒤쫓고 있는 2위 기업에 투자하는 것도 괜찮은 방법이라 생각한다. 그러나 3위 기업은 마지노선이라 생각하고 반드시 신중한 검토를 거친 뒤에 투자할 것을 권한다.

【아내 몰래 비상금 3억 모으기】는

가급적 1등 기업에 투자를 해 수익을 올린 결과물이다.

-시가 총액 10위 이내 기업이 투자하기 좋은 기업-

세계 속의
대한민국에 집중하라

| 한국만 믿어라, K-진단 키트

① 한국, 코로나19 초기 대응으로 세계를 놀라게 하다.

아래 글은 '연합뉴스 월간 마이더스'에 게재된 한국 진단 키트에 대한 내용 중 일부다.

『코로나19의 세계적 확산 속에 한국의 진단 키트가 세계적 히트 상품으로 떠올랐다. 외교부에 따르면 126개국이 진단 키트 수출이나 지원을 문의해 왔다고 한다. 25개국 정상은 한국 대통령에게 직접 요청하기까지 했다.

난공불락으로 여겼던 미국 시장도 간단히 뚫었다. 4월 15일 SD바이오센서, 솔젠트, 오상헬스케어 등 3개 업체가 미국연방재난관리청FEMA과 75만 회 분량의 진단 키트 수출

계약을 맺었다. 금액으로는 1천140만 달러(139억 원)어치다.

이번 계약은 도널드 트럼프 미국 대통령의 요청에 따라 검사니, 승인이니 하는 절차를 건너뛰고 긴급 수출이 성사된 것이다. 1차로 15만 회 분량이 미국에 도착한 뒤, 미국 대통령은 한국 대통령과의 통화에서 "한미동맹 정신을 훌륭히 구현해 줘 감사하다"고 밝혔다. 앞서 미국 국무장관, 주한 미국대사 등 정부 인사들도 줄줄이 감사를 표했다.』

이것이 바로 한국 진단 키트의 위상이다. 세계가 코로나19의 확산으로 우왕좌왕하고 있을 때 진단 키트를 생산하는 한국 기업들은 2020년 1월초 중국 연구진이 코로나19 유전자 서열을 해독해 공개하자마자 진단 키트 개발에 착수했다. 국내 확진자가 한 명도 없던 시기였다. 그럼에도 기업들은 인공지능AI과 빅데이터를 활용해 보통 3개월 걸리는 개발 기간을 2~3주로 단축시켰다.

성능 면에서도 한국 진단 키트는 비교 대상이 없다. 실시간 유전자 증폭검사RT-PCR를 도입해 보통 1~2일 걸리던 검사를 2~6시간으로 대폭 줄였다. 또 50만 건이 넘는 실제 검사를 통해 안전성도 검증했으며 검사 정확도는 95%에 달한다.

결국 세계 각국은 한국의 코로나19 초기 대처에 놀라움을 금치 못했다. 대구·경북을 중심으로 코로나19 확진자가 늘어나는 상황에서도 선제적 확진자 찾기, 의료체계 구축 등 방역에 집중하는 모습은 세계 어느 나라에서도 찾아보기 힘든 광경이었다. K-방역이 세계에 널리 알려지는 순간이었다.

② 판단 착오로 놓쳐버린 대박, 진단 키트

2020년 3월 코로나19 팬데믹 상황으로 주식 시장이 어려울 때, 지인으로부터 한 통의 문자를 받았다. "코로나19 진단 키트 관련주인 J기업의 주식을 개장과 함께 사라"는 급등 종목 추천 문자였다. 작전의 전형이라 황당하기도 했지만 평소에 진실하고 무거운 분이라 그냥 넘기려니 뭔가 마음이 개운치 않았다. 솔직히 말하자면 긍정적으로 마음이 흔들렸다.

해당 종목의 주가를 조회해 보니 4천 원 정도에 거래되고 있었다. 주가를 보는 순간 작전 세력이 접근하기 좋은 종목이라 생각했다. 하지만 작전주라 보기에는 거래량이 많았다. 또한 중국에서 코로나19가 발생한 후 관련주로 주가가 상승한 것 외에 급등락한 상황은 포착되지 않아 매수해도 나쁘지 않은 것 같았다. 하지만 코로나19 발생 초기까지만 해도 이 상황이 금방 종식될 것으로 보였다. 테마성

짙은 종목에 큰 금액을 투자하기엔 무리가 있어 보였기에 적은 금액으로 투자를 했다.

그리고 얼마 후 한국의 진단 키트 회사들이 미국FDA 승인을 받는 등 호재가 잇따르면서 엄청나게 상승하기 시작했다. 그에 비해 필자가 매입한 종목은 이상하리만치 평온함을 유지하며 큰 상승 없이 계속 횡보만 이어가고 있었다. 그러는 사이 대구·경북지역에서 시작된 1차 유행이 조금 잦아들었고 코로나19에 대한 일반인들의 생각도 점차 바뀌기 시작하는 듯했다. 결국 더 이상 보유하기에는 무리라고 판단돼 매입 대비 10% 정도의 수익을 내고 모두 매도해 버렸다.

그러나 안타깝게도 주식 시장은 늘 매매와 반대로 흐르는 경향이 많다. 매도 후 며칠이 지나자 코로나19가 전 세계적으로 2차 유행에 접어들었고, 진단 키트 관련주 역시 다시 움직이기 시작한 것이다. '매도하면 급등'이라는 공식처럼 단순한 테마주로 분류해 매도했던 그 종목은 무려 800%라는 경이로운 상승률을 기록하고 말았다. 한참동안 아쉬움으로 속앓이를 해야만 했다.

테마주는 정치 관련주, 미세먼지 관련주, 대북 관련주 등 다양하게 분류되며, 일정한 기간이 경과하거나 해당 테마가 사라지면 자연히 그 효과가 사라지는 특성을 지닌다. 테마의 지속성을 장담할 수 없기 때문에 위험도가 높은 매매 형태로 볼 수 있어 가급적 매매하지 않는 것이 좋다. 그러나 코로나19와 같이 유행이 광범위하고 상당한 파급력이 있으며 유행 기간도 장기적일 경우라면 신중하게 검토한 후 투자하는 것은 괜찮다고 본다.

③ 상상하기 어려운 진단 키트 주가 상승률

진단 키트 관련 J기업으로 인한 속앓이는 생각보다 심했다. 진단 키트라고 분류되기만 하면 100% 이상의 수익률은 기본이었기 때문이다. 믿기지 않는가? 아래 표를 참고하면 쉽게 믿음이 가리라 판단된다.

진단 키트 대장주 주가 상승률

(주가 : 원)

종 목	19년말 주가	52주 최고가	상승률	최고가 경신일
씨젠	30,800	322,200	946%	20.08.10
에스티팜	29,800	145,200	387%	21.04.26
수젠텍	5,480	65,800	1,100%	20.09.08
휴마시스	1,390	28,350	1,940%	21.04.29
나노엔텍	5,620	16,600	195%	20.09.08
랩지노믹스	5,160	57,800	1,020%	20.07.31
J진단키트	2,120	35,500	1,575%	20.11.20

2020년 3월 19일, 전체적으로 주가가 폭락하던 때에도 오히려 상승하는 모습을 보인 것이 바로 진단 키트 관련주였다. 따라서 코로나19가 중국에서 시작되고 있을 2019년 12월말 주가를 기준으로 산정하는 것이 옳다고 판단했다. 52주 최고가가 최근에도 갱신되고 있는 종목이 있는데, 그 이유는 백신 접종 후 효과가 있는지 여부를 확인하기 위해 진단 키트를 필요로 하는 국가들이 늘어나고 있기 때문인 것으로 풀이된다.

주가를 보면 한국 진단 키트를 사용하는 국가가 얼마나 많은지 가늠이 된다. 상승률이 1,000%, 즉 10배가 넘는 상승을 보인 주식 수가 7개 중 4개였다. 필자가 매매했던 J기업의 경우 15배(1,575%)가 넘는 주가 상승을 보이면서 황금알을 낳는 거위로 거듭났다. 단순하게 코로나19 테마주로 분류해 매도하고 말았던 것이 정말 오랫동안 후회를 남긴 큰 실수였다.

| 세계 최고 성능, K-배터리

① 소송에 휩싸인 배터리 주식에 투자한 이유

2021년 2월, ITCInternational Trade Commission(국제무역위원회)는 한국의 LG화학이 SK이노베이션을 상대로 제소한 배터리 소송에서 LG화학의 손을 들어줬다. SK이노베이션 입장에서는 큰 타격이었다.

2019년 4월부터 시작되었으니 이미 2년 넘게 끌고 왔고, SK이노베이션은 이번 소송 결과로 미국 조지아에 투자해 놓은 제 1공장과 제 2공장의 사업을 포기해야 하는 상황이 벌어질 수 있어 사활을 걸고 방어를 해 오던 소송이라 판결 결과가 뼈아플 수밖에 없었다.

필자는 소송 결과가 나오기 전날 주가가 하락하는 것을 보고 곧바로 SK이노베이션을 추가 매입했다. 오히려 역발상이라고 생각했으며, 전 매입 가격 대비 3% 가까운 하락이었기 때문에 고가라는 생각은 하지 않았다. 오히려 저렴하게 매입했다고 생각했다. 하지만 소송 결과가 나온 후 SK이노베이션 주가는 예상과 달리 20% 이상 하락했다. 현재까지 약간의 손실 구간에 있으나 이 책이 출판될 시기에는 수익 구간에 있을 것으로 예상한다.

사실 소송이 진행 중이고 소송 결과 역시 장담하지 못할 상황이라면 주식 매매를 하지 않는 것이 옳다. 소송 결과를 지켜보고 주가가 다소 올라 약간의 손해를 보더라도 불확실성이 제거된 후에 투자하는 것도 늦지 않다.

하지만 필자가 그런 상황에서 투자했던 이유는 미래에 대한 투자였기 때문이다. 주식은 항상 미래의 가치에 따라 움직인다. 특히 성장성이 강한 기술주는 현재 가치보다는 미래의 가치를 훨씬 중요하게 생각하고 주가도 그에 반응한다. 따라서 소송에서 패할 확률이 거의 100%에 가까운 SK이노베이션에 투자를 한 근거는 다음의 표에 잘 나타나 있다. SK이노베이션의 배터리 사용량 점유율의 성장성이 2019년에 비해 2020년에 월등히 높아진 것이다. 따라서 향후 주가의 추가 상승률이 클 것으로 예상되어 투자를 결정한 것이다. 그러나 이러한 매매 전략 역시 참고사항일 뿐 누구에게도 강요할 수는 없는 일이다.

최근 한국, 중국, 일본 업체들이 배터리 시장에서 치열한 순위 다툼을 벌이고 있다. 지난해에는 한국의 LG화학이 중국 업체 CATL을 따돌리고 시장 점유율 1위를 차지하고 있었으나 최근 SK이노베이션과 2년 이상 진행된 배터리 분쟁의 타격으로 CATL에 약간 밀리는 상황이 되고 말았다. 그

연간 글로벌 전기차 배터리 누적 사용량 및 기업별 점유율

(단위 : GWh, %)

순위	제조사	2020사용량	2019점유율	2020점유율
1	CATL	34.3	27.6	24
2	LG화학	33.5	10.5	23.5
3	파나소닉	26.5	24.4	18.5
4	BYD	9.6	9.4	6.7
5	삼성SDI	8.2	3.8	5.8
6	SK이노베이션	7.7	1.7	5.4
기타		22.9	22.6	16.1
합계		142.7	100	100

자료출처:SNE리서치

러나 한국에는 시장 점유율 2위 LG화학과 5위의 삼성SDI 그리고 6위 SK이노베이션까지 글로벌 배터리 업체가 3곳이나 포진하고 있어 CATL, BYD를 보유하고 있는 중국에 비해 전체 점유율이 약간 높은 수준을 유지하며 여전히 세계 1위 국가로 자리잡고 있다.

② K배터리, 코로나19 위기 속에서 비상하다

LG화학은 '차화정'의 대표주자이면서 화학업종 대장주이다. 또한 필자가 투자에 실패했던 Oxx 종목과 함께 관찰하던 주식이라 LG화학 주가의 추이에 대해 어떤 주식보다 잘 알고 있다. 그리고 큰 수익은 아니지만 2번에 걸쳐 수익을 실현했던 종목이기도 하다.

코로나19 사태가 발생하기 전 LG화학 주가는 40만 원대를 탄탄하게 유지하고 있었다. 그러나 2020년 3월 19일자 52주 최저가인 23만 원까지 곤두박질치며 40% 이상 하락으로 이어졌다. 그때 잘 아는 일반 투자자 중 한 분은 LG화학 종목에 거의 전 재산을 쏟아 부을 정도로 매수를 해 나갔다. 같이 투자하자는 제안을 받았지만 필자는 이미 다른 종목에 투자를 하기 위해 준비 중이었기 때문에 포기했다. 하지만 이 또한 큰 기회를 놓친 결과로 이어지고 말았다.

코로나19 기간 중 배터리 3사 주가 상승률

(단위 : 원, %)

제 조 사	20. 3. 19 주가	52주 최고 주가	상승률
LG화학	230,000	1,050,000	357
삼성SDI	183,000	818,000	370
SK이노베이션	57,300	327,500	472

배터리 3사의 주식은 매력이 많은 종목이다. 그러나 지금까지의 주가 상승률을 따지면 추격 매매가 어렵겠다고

생각하는 분들이 있을 것이다. 필자의 생각은 좀 다르다. 전기 자동차의 증가율을 생각한다면 아직까지 관심을 가지고 지켜볼 필요가 있는 종목들이라 생각한다.

참고로 LG화학의 경우, 지난해 하반기에 배터리 부분만 물적 분할하겠다는 취지의 이사회 의결이 이루어졌다. 2021년 하반기에 LG에너지솔루션이라는 이름으로 재상장을 추진 중이라는 사실은 주가에 변수로 작용할 수 있다.

③ 전기 자동차를 위한 배터리 전성시대

2020년 9월 미국 전기 자동차 회사 테슬라는 배터리 데이Battery day행사를 화려하게 개최하며 세계의 이목을 집중시켰다. 사람들은 테슬라 CEO인 일론 머스크Elon Musk의 입에서 배터리 자체 생산 이야기가 나올 것이라고 기대했다. 결론적으로 테슬라의 배터리 자체 생산은 미래의 계획에 불과했다. 이 날의 행사는 '당분간 전기 자동차 생산 전략은 기존 배터리를 그대로 장착하는 방안으로 이어가겠다'는 말로 마무리됐다.

그러나 타이밍의 문제일 뿐, 지금도 테슬라뿐만 아니라 기존 완성차 회사들까지 배터리 자체 생산에 큰 관심을 갖고 있다. 실제로 최근 미국의 완성차 업체가 배터리 자체 생산을 선언하면서 배터리 관련 주식이 하락하는 사태가 빚어지기도 했다.

당분간 전기 자동차 생산 단가에서 큰 부분을 차지하는 배터리는 자체 생산 문제를 포함한 여러 가지 측면에서 논란거리가 될 것이 확실하다. 원통형과 각형에 대한 논란, 전고체 배터리 생산에 관한 논쟁 등이 논란의 중심에 서게 될 것이다.

향후 배터리와 관련 주가의 전망에 대해 누군가 물어온다면 "전기 자동차는 이제 거스를 수 없는 대세다. 도로에 달리고 있는 자동차의 20% 이상이 전기 자동차로 채워질 때까지 배터리 관련주를 지켜봐야 하며 적극적으로 관심을 가져야 한다."라고 답하고 싶다.

21세기 인류의 최대 관심사는 기후 변화 문제다. 미국 바이든 대통령의 공약 가운데 상당한 비중을 차지하고 있는 부분이 바로 기후와 관련된 친환경 정책이다. 뿐만 아니라 테슬라의 약진, 한국의 현대차를 포함한 세계 완성차 회사들의 전기 자동차 생산 전환 등으로 미루어 볼 때 이제 전기 자동차 숫자는 늘어날 수밖에 없는 상황이다. 그러나 아직 도로 위에서 녹색 번호판을 달고 달리는 자동차는 100대 중 1대도 채 되지 않는다. 게다가 아직까지 배터리 생산업체는 기술력, 진입장벽 등으로 경쟁이 제한적이다. 아마도 향후 도로 위 자동차의 100대 중 20대 정도가 전기 자동차로 바뀌어야 배터리 문제도 안정화되고 주식 시장에서 일반 투자자들의 관심도도 떨어질 것으로 예상된다.

【아내 몰래 비상금 3억 모으기】는
세계를 움직이는 한국, 그 속에서 희망을 키운 결과물이다.
-K-진단 키트에 대한 아쉬움과 K-배터리 속에 품은 희망-

더 나은 세상을 향하는 kakao

| '모든 것을 연결한다' 카카오

【Connect Everything】 '새로운 연결, 더 나은 세상', 카카오 기업의 비전VISION이다. 모든 것을 연결하고자 하는 강렬한 열망을 담고 있는 기업, 카카오. 지금 대한민국은 카카오 공화국이라 해도 과언이 아닐 정도다.

2021년 4월, 현재 카카오 공화국에 포함되어 있는 작은 국가(계열사)는 총 105개이다. 우리나라 대기업 가운데 계열사 수가 120여 개가 넘는 곳은 SK가 유일한데, 바로 그 뒤를 잇는 것이다.

카카오는 2017년을 기준으로 모바일 메신저 점유율 95%의 IT 거대 공룡으로 성장했다. 대한민국 사람이라면 누구나 사용하는 카카오톡TALK을 모르는 사람은 없을 것이다. 필자가 처음 카카오톡을 만난 것은 2012년 즈음이었던 것으로 기억한다. 지금의 스마트폰이 핸드폰이라고 불리던 시절, '카카오톡' 앱을 설치하면 노란색 바탕에 짙은 갈색 대화창이 나타나고 그 안에 TALK 아이콘이 발생했다. 그리고 핸드폰에 저장되어 있는 연락처가 자동으로 동기화되면서 무료 문자를 발송할 수 있었다. 상대방과 무료 문자를 무제한으로 주고받을 수 있다는 것은 사용자들에게 큰 혜택이었다. 당시 문자 서비스는 유료로만 사용되던 시절이었기에 가히 혁신적인 어플이 아닐 수 없었다. 또한 일반 문자 서비스에는 없었던 읽음 표시 기능 역시 하나의 혁신이었다. 카카오톡으로 문자를 전송하면 대화창 옆에 '1'자가 표시되고 상대방이 읽으면 이 숫자가 자동으로 사라진다. 반대로 상대방이 내가 보낸 문자를 읽지 않으면 '1'자가 그대로 남아있는 시스템이었다.

이런 카카오톡은 출시 단 하루 만에 3만 명의 가입자로 앱 스토어 1위에 오르는 쾌거를 달성했다. 6개월 만에 100만 명, 1년이 지난 2013년에 1.1억 명을 돌파하면서 명실상부 대한민국 대표 메신저로 자리 잡게 되었다.

① '애니팡'을 아십니까?

아들이 한때 게임광이었다. 게임을 전혀 하지 못하는 아빠로서 PC 앞에 앉아 정신줄을 놓고 있는 아들의 모습을 보고 있노라면 부모로서 답답하기만—학업에 충실해서 좋은 대학에 진학하기를 바랐고, 더 나은 장래를 보장받지 못할까 싶어—했다. 그러나 우연히 만난 게임 애니팡이 게임광인 아들을 이해할 수 있도록 만들어 주었다.

애니팡은 자신의 최고 점수를 갱신할 때마다 점수가 새롭게 기록되었다. 그리고 카카오톡 친구로 등록된 사람들이 기록을 갱신할 때마다 갱신점수까지 알 수 있어서 승부욕을 불태울 만큼 제법 스릴 넘쳤다. 게임을 전혀 하지 않았던 필자의 마음을 사로잡았다는 것 자체가 보통 게임은 아니라고 해야 하나? 퇴근하면 온 가족이 둘러앉아 각자 점수를 높이려고 경쟁을 하는 진풍경까지 연출됐던 게임이 바로 애니팡이다.

2012년 7월 카카오게임즈는 애니팡을 포함하여 총 8개의 게임을 출시했다. 그 중 폭발적 인기를 얻게 된 애니팡은 "한 번도 안 해 본 사람은 있어도 한 번만 해 본 사람은 없다"는 말을 들을 정도로 전설의 게임이 되었다. 전철, 버스, 카페 등 여유 시간만 있으면 때와 장소를 가리지 않고 대중을 스마트 게임으로 끌어들인 최고의 히트 상품이었다.

다운로드만 해도 20,000회가 넘었다. 그리고 최고 전성기에는 동시 접속자 수가 200만 명이 넘었을 정도였다니 그 인기를 실감할 수 있을 것이다. 서비스 시작 1년 만에 누적 가입자 3억 명 돌파, 출시 2년도 안 돼 매출액 1조 원을 달성하기도 해 카카오의 새로운 캐시카우CASH COW로서의 역할을 톡톡히 해냈다.

② 카카오를 살린 '카카오톡 선물하기'

카카오톡이 단기간에 성공을 거둔 이유는 애초부터 전면 무료 서비스라는 개념 때문이다. 그러나 고정 수입이 없던 탓에 회사는 경영난에 빠져 힘든 상황에 직면하게 되었다. 경영난 타계를 위해 궁여지책으로 나온 것이 바로 '카카오톡 선물하기'였다.

어버이날, 스승의 날, 성년의 날 등 기념일이 모여 있는 5월은 선물을 주고받기 좋은 달이다. 카카오 선물하기는 지난해 비대면 확산 트렌드와 함께 일상에서 이용하기 편리한 서비스가 됐으며 카카오가 일찌감치 선점해 놓은 플랫폼 시장이다. 국내 온라인 선물하기 시장 규모는 지난해 기준 약 3조5천억 원 수준으로 추산하고 있다. 이중 카카오톡 선물하기 거래액이 3조 원 가량을 차지한다고 하니 시장 점유율이 그야말로 압도적임을 알 수 있다. 그리고 현재에도 카카오톡 선물하기에 입점을 원하는 기업이나 브랜드가 문전성시를 이루고 있다고 한다. 문자MMS나 특정 사이트, 개인 페이지가 아닌 국민 메신저라 불리는 카카오톡을 기반으로 선물 거래가 이뤄지기 때문에 다른 곳과 달리 상호 커뮤니케이션이 동반된다는 강점이 있다. 또한 자체 개발된 카카오 페이를 활용한 독자 시스템으로 운영되고 있는 것도 특징이라고 할 수 있다.

현재 필자의 선물함에도 제자들이 보내준 선물, 옛 직장 동료들이 보내준 선물 등으로 아메리카노 커피 세트, 생일 축하 케이크, 외식 상품권 등 다양한 선물이 보관돼 있다. 이처럼 젊은 층은 특정 기념일에 카카오톡 선물하기 서비스를 자연스럽게 이용한다. 상품의 종류도 부담 없이 보낼 수 있는 저가 브랜드부터 고가 브랜드까지 다양하게 준비되어 있다.

③ 다음DAUM 속으로 들어간 카카오

다음DAUM은 뉴스 검색, 카페, 블로그, 쇼핑 등의 서비스를 자유롭게 이용할 수 있는 포털 사이트다. 필자만 하더라도 다음을 주요 메일 계정으로 삼은 뒤 한 번도 바꾸지 않고 사용하고 있을 정도로 우리의 생활과 밀접하다고 할 수 있다. 이런 다음이 세상의 이목을 집중시킬 대변신을 꾀하는 사건이 발생하게 된다.

2014년, 당시 네이버를 포함한 수많은 포털 사이트의 자리를 위협하며 공포로 몰아갔던 다음과 IT업계의 새로운 공룡으로 떠오르고 있던 카카오가 합병한 것이다. 세간에서는 다음이 카카오를 인수한 것으로 알려졌지만 합병 후 최대주주가 김범수 카카오 의장과 카카오 측이었던 점을 감안하면 실질적인 경영권은 카카오에 있었고 카카오가 다음을 인수한 것으로 보는 것이 옳다.

다음과의 합병으로 카카오는 비즈니스에서 여러 사용자 또는 조직 간에 관계를 형성하고 비즈니스와 관련된 거래를 할 수 있는 시스템 환경을 구축, 개방했다. 이를 통해 카카오는 개인과 기업 모두가 참여해 원하는 일을 자유롭게 할 수 있도록 만들어 참여자 모두에게 새로운 가치와 혜택을 제공하는 플랫폼 기업으로 거듭나게 된 것이다.

이러한 변화는 카카오가 당시 포털계의 대장격이었던 네이버와 강력한 경쟁 구도를 형성하는 계기가 되었다.

ㅣ황금알을 품은 카카오

다음DAUM과의 합병으로 보폭이 넓어진 카카오는 카카오페이KAKAO Pay, 카카오택시 등을 잇달아 출시하여 세상을 놀라게 했고, 또한 멜론Melon을 인수하여 엔터테인먼트 사업에도 진출했다.

2017년 7월 카카오는 또 한 번 기존의 질서를 무너뜨리는 큰 사건을 만들어 낸다. 국내 최초의 인터넷은행인 카카오뱅크가 첫발을 내디딘 것이다. 인터넷은행은 누구도 상상하지 못했던 큰 사건으로, 이는 기존의 은행들을 긴장하게 만들었다.

카카오뱅크는 영업 한 달 만에 고객 100만 명을 돌파하여 돌풍을 일으키더니 6개월 만에 500만 명, 영업개시 2년 만인 2019년 7월에 1,000만 명을 돌파했다. 이제 카카오뱅크는 기존 은행의 영역을 뛰어넘어 금융기관 혁신의 아이콘으로 등극했다.

주식 시장에서 기업의 가치를 높이는 일은 매우 중요하다. 투자자들은 기업의 가치를 보고 투자를 결정하기 때문이다. 경쟁사와 비교했을 때 실적이 좋거나 인수 혹은 합병 등으로 기업의 가치를 높이는 것도 주가를 상승하게 만드는 요인이 된다.

그리고 주가에 영향을 크게 미치는 또 다른 요인 중 하나가 기업공개, 즉 IPOInitial Public Offering이다. 주식 시장에서 기업공개IPO는 황금알을 품고 있는 좋은 호재가 된다. 카카오가 준비하고 있는 계열사 IPO에는 아래와 같은 것들이 있다는 것을 알면 투자에 도움이 되리라 생각한다.

① 카카오뱅크

카카오뱅크가 밸류에이션 논란이 지속되는 가운데 지난 8월 6일자로 코스피 시장에 상장됐다. 상장 첫날 상한가인 69,800원을 기록하더니 고평가의 염려에도 불구하고 거침없이 상승을 주도하고 있다. 시가 총액에서도 KB금융지주의 22조, 신한지주의 20조를 훌쩍 뛰어 넘어 36조에 이르고 있다. 카카오뱅크의 주가 상승은 8월에 있을 한국 MSCI(모건스탠리캐피털인터내셔널)지수에 편입이 될 것이라는 예측 때문인 것으로 예상되고 있다. 모건스탠리에서는 매년 2, 5, 8, 11월에 세계 각국을 대표하는 기업을 일정 수치화해서 MSCI지수를 발표하는데 편입되면 투자 자금을 더 투입하고 제외되면 투자 자금을 회수하고 있기 때문에 주가에 영향을 크게 미친다.

카카오뱅크는 인터넷 전문은행으로 카카오가 지분 31.6%를 보유한 최대주주이며, 한국금융지주, KB금융지주 등이 주요 주주이다. 또한 2017년 7월 오픈 이후 6분기 만에 흑자전환에 성공했고, 2020년 영업이익은 1천226억 원으로 이자 부문뿐만 아니라 비이자(수수료) 부분 수익에서도 흑자전환에 성공한 것으로 나타났다. 당기순이익은 1천136억 원으로 전년대비 8배 이상 늘었다. 2020년 3월 말 기준 수신은 25조 원, 여신은 22조 원 규모로 자산규모만 놓고 보면 지방의 J은행을 넘어 K은행 수준이다.

최근 카카오뱅크는 기업금융 분야에도 도전장을 내밀었다. 전국신용보증재단중앙회와 손잡고 개인사업자 대출을 출시하며 조만간 비대면 모바일 주택담보대출도 선보일 예정이라고 한다.

카카오뱅크는 기존 기업가치 분석 상으로는 사실 설명이 되지 않는 부분이 많다. 예적금을 판매하고 대출을 해주는 은행 본연의 역할뿐만 아니라 기존 은행과는 전혀 다른 금융 플랫폼을 지향한다. 주가의 흐름을 보면 전문가들이 평가하는 이상으로 플랫폼으로서의 가치를 인정한 모습이다.

현재 대형 금융지주들은 디지털 혁신에 사활을 걸고 카카오뱅크에 대적하기 위한 금융 플랫폼 구축에 혈안이 되어 있다. 그럼에도 아직까진 카카오뱅크에 크게 밀리고 있는 상황인데, 대형 플랫폼 기업에서 출발한 카카오뱅크에 밀리는 것은 당연하다고 생각된다.

향후 카카오뱅크가 어떤 방향으로 나아가느냐에 따라 카카오의 주가도 크게 영향을 받을 것으로 보인다.

② 카카오페이

카카오의 간편 결제 플랫폼인 카카오페이가 카카오뱅크에 이어 상장을 위한 예비심사청구서를 제출했다. 카카오뱅크와 마찬가지로 2021년 6월 말에 예비심사를 마쳤다. 그러나 카카오뱅크와 달리 금융감독원에서 공모가에 제동이 걸려 11월쯤 코스피 시장에 입성할 것으로 예상된다.

지난 2014년 9월 국내 최초의 간편 결제 서비스로 시작한 카카오페이는 카카오톡을 활용한 생활금융 플랫폼으로 성장해 지난해 카카오페이 증권을 출범시켰다. 올해는 디지털 손해보험사 설립과 함께 마이데이터 사업을 추진하고 있다.

지금까지 카카오페이의 누적 가입자 수는 3,600만 명에 달한다. 지난 2017년 분사 당시 약 3조8천억 원이었던 연간 거래금액은 2020년 말 67조 원을 기록하며 4년여 만에 18배

가까이 급증했다. 카카오페이의 기업 가치는 10~20조원으로 평가되고 있다.

③ 카카오엔터

카카오뱅크는 이미 코스피 시장에 상장이 됐고, 카카오페이는 예비심사청구를 완료하고 상장을 기다리는 상태로 상장은 기정사실로 받아들여지고 있다. 이제 또 하나 카카오가 야심차게 준비하고 있는 카카오엔터의 상장에 관심이 쏠리고 있다.

카카오엔터는 2016년 음악을 전문으로 하던 로엔 엔터테인먼트 멜론Melon을 인수하면서 성장한 카카오 계열사로, 지난해부터 웹툰 플랫폼을 전 세계로 확장하는 작업을 하고 있다. 카카오 페이지와 카카오 M을 합병한 뒤에는 사업영역을 영화, 음악, 영상 등 디지털 콘텐츠 전반으로 확대해왔다. 특히 콘텐츠 사업은 언어 장벽을 뛰어넘어 세계 시장에서 확장 가능성이 크다는 장점을 가지고 있다.

최근 쿠팡의 미국 나스닥 상장이 성공적으로 이루어지면서 한국 유니콘 기업(기업 가치가 1조원 이상인 기업)들이 외국 증권 시장에 관심이 많은 상황에서 카카오엔터 역시 외국으로의 상장을 검토하고 있는 것으로 알려져 있다.

카카오엔터가 미국, 일본 등 외국 증권 시장 상장에 성공한다면 한국내 사업만 유지하던 쿠팡보다 더 높은 가치를 인정받을 수 있다는 얘기가 나오고 있다.

또한 회사 고위 관계자는 "한국이든 외국이든 상장 시 카카오엔터의 기업 가치는 20조 원 이상이 될 것으로 내다보고 있다"며 기대감을 드러냈다.

④ 카카오의 미래, 아직 멀었다

지난해 공모주 청약에 55조 원 이상 몰려 기업공개를 성공적으로 끝낸 카카오게임즈, 최근에 상장이 된 카카오뱅크 그리고 현재 진행되고 있는 계열사의 상장 준비 등으로 향후 카카오의 주가는 계속해서 상승할 것이라는 예측이 지배적이다.

아직까지 카카오 공화국에는 카카오택시와 카카오네비 등이 주축이 되고 있는 카카오 모빌리티는 물론, 카카오페이증권, 카카오커머스 등 미래 성장을 주도할 계열사가 수없이 많다는 것에 주목할 필요가 있다.

카카오는 가상화폐 시장과도 밀접한 관계가 있다. 국내 최대 코인시장은 두나무가 운영하는 업비트인 것으로 알려져 있다. 코인시장이 폭발적 성장을 계속하고 있는 상황에서 두나무가 미국 나스닥 시장에 상장하게 되면 20조 원 가치가 있다는 이야기가 공공연하게 나오고 있다. 카카오는 두나무 지분을 약 23% 보유하고 있다. 이 또한 카카오의 가치를 상승시키는 데에 큰 역할을 할 것으로 기대를 모으고 있다.

| 카카오의 주가 상승, 그 끝은 어디인가?

8개월 전의 이야기다. 조찬 강연회에 초정된 카카오 김범수 의장의 강연을 들을 기회가 있었다. 카카오 공화국의 원대한 꿈DREAM을 풀어 나가는 강연이었다. 꿈과 희망으로 더 나은 세상을 만드는 카카오 공화국은 현재보다 미래가 훨씬 더 원대하다고 느껴졌다. 전 세계 플랫폼 기업의 선두격인 아마존이나 페이스북의 미래를 한국에서 볼 수 있을 것 같다는 생각이 들었다. 그리고 꿈이라 여겨졌던 일들이 현실로 하나둘 이루어지고 있는 듯했다.

김범수 의장은 "카카오가 만들어 놓은 인터넷 세상으로 새로운 연결, 더 나은 세상을 만들겠다는 카카오의 비전을 실천하며 현재보다 더 나은 미래를 위해 승부를 걸겠다. 그리고 카카오 공화국을 세계 어디에도 뒤지지 않을 기업으로 만들어 가겠다."라는 말로 강연을 마쳤다.

조찬 강연 내내 김범수 의장의 진솔함에 가슴이 떨려 왔다. 얼마 전 김범수 의장이 자신이 보유한 카카오 주식의 1/2을 사회에 환원하겠다는 발표를 했던 것도 그리 놀랄 일이 아닌 듯했다. 강연을 들어 보니 그런 일을 하고도 남을 분이라는 생각이 들었다. 당시 나는 카카오 주식을 200여 주 정도 보유하고 있었기에 강연 내용이 더 마음에 와 닿은 것일지도 모른다. 결국 강연을 듣고 난 후 믿음이 생겨 카카오 주식을 조금씩 더 사 모았다.

김범수 의장은 강연 중 주가에 대해 언급하기도 했다. "원하는 주가에 도달하려면 지금 온 것보다 훨씬 멀리 달려가야 한다."는 것이다. 현재 진행되고 있는 여러 가지 상황들을 살펴보면 그렇게 되고도 남을 듯하다.

① 삼성전자 대신 카카오 주식을 적금처럼

삼성전자 주식을 적금형으로 매매했을 때의 이자율은 앞서 제시한 바 있다. 약 20% 내외의 수익률은 분명 자산 형성에 매우 유리하고 좋은 방법임에 틀림없다. 그래서 직장생활을 하고 있는 두 자녀에게 매월 급여의 10%를 삼성전자에 투자하라고 권유해 왔다.

그러나 요즘 젊은 청년들의 생각은 기성세대와는 여러 부분에서 차이를 보인다. 주식 투자에 있어서도 마찬가지다. 필자의 자녀들만 보더라도 삼성전자를 선호하는 것만으로 기성세대의 티가 난다며 오히려 성장주 중심의 카카오나 네이버를 더 선호했다. 아들 녀석은 "매월 급여일에 삼성전자 주식 10주를 매매하는 것보다 카카오 주식 1주(액면분할로 현재는 5주)를 매매하는 것이 나을 것 같다"며 실제로 실행하고 있었다. 확실히 기성세대와는 차이가 있다.

지금까지의 카카오 주가 변화 추이만 보더라도 아들 녀석의 이야기가 허황된 것이 아님을 알 수 있다. 그리고 나는 아들이 카카오 주식 투자에 성공하기를 기도하며 계속 관심을 가지고 지켜보기로 했다.

② 카카오 주가의 과거, 현재 그리고 미래

카카오를 만난 것은 행운이었다. 좀 더 일찍 만났으면 하는 욕심도 있지만 늦게라도 찾아와 준 것에 감사할 뿐이다. 필자는 이미 카카오라는 회사에 대해 큰 매력을 느꼈고, 앞으로 더 큰 비전을 보고 계속 가져갈 생각이다.

카카오라는 회사를 처음 알게 된 것은 2018년 N증권회사 지점장과의 만남을 통해서였다. 그때 주가가 121,000원이었다. 관심 종목에 넣어두고 계속 추이를 지켜봤지만 오히려 주가가 하락하는 모습을 보이기에 한때 관심 종목에서 지워 버렸다. 아래 표에서 보는 것과 같이 18년 10월에는 9만원까지 하락했다.

관심 종목에서 제외시킨 후 카카오 주가는 거짓말처럼 19만 원까지 올랐다. 그리고 찾아온 코로나19 상황, 카카오뿐만 아니라 거의 모든 주식이 하락으로 이어져 증시가 위기상황으로 몰렸다. 하지만 역발상으로 이때가 기회라고 판단했다. 포트폴리오에 있던 주식을 정리해 관심 종목에서 제외시켰던 카카오 주식을 153,000원에 200주를 매입했다.

카카오의 주가 변동 추이

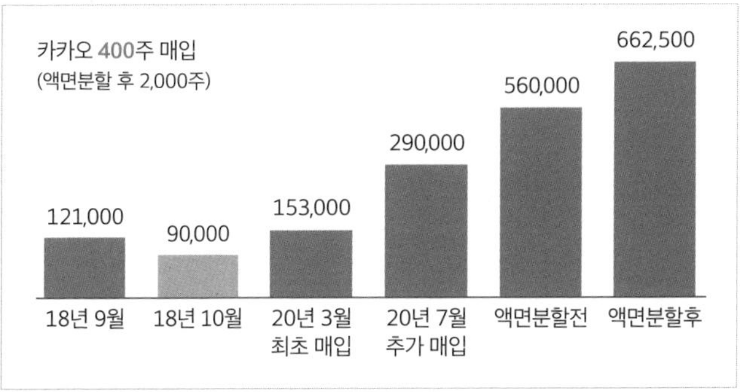

카카오 주식 매입은 성공적이었다. 매입 후 급등하기 시작해 단숨에 30만 원까지 상승한 것이다. 그리고는 코로나19의 비대면 관련 최대 수혜주로 떠오르기 시작했다. 향후 더 상승할 것이라는 확신이 섰다. 29만 원에 2차로 추가 매입했다. 그 후에도 조정 시마다 계속 모아 현재는 400주(액면분할 후 2,000주)를 보유하고 있다.

'카카오의 끝은 어디인가?', '카카오는 과연 얼마나 오를 것인가?'와 같은 추측성 의문은 더 이상 의미가 없다고 생각한다. 카카오는 비대면 대장주이자 미국의 GOOGLE, 아마존과 같은 고성장주이다. 또한 끊임없이 실적을 내며 다양한 사업으로 광폭행보를 보이고 있다. 카카오는 계속 보유하면서 주가의 추가 상승을 지켜보는 재미도 제법 괜찮을 거라는 생각이 든다.

③ 카카오 액면분할, 그 또한 기회

카카오는 지난 4월 15일자로 액면분할을 단행했다. 기존 주식의 액면가 500원을 100원으로 분할하면서 약 89만 주였던 것을 4억 4천만 주로 주식수를 5배로 늘렸다. 이는 카카오의 주가가 너무 높아 일반 투자자들의 접근성이 어렵다고 판단한 끝에 주가를 1/5로 낮춘 것이다. 아무래도 낮은 주가를 선호하는 일반 투자자의 생각에 발맞춘 것이 아닐까 싶다.

카카오 액면분할을 앞두고 이후의 주가가 상승 혹은 하락할 것이라는 논쟁이 뜨거웠다. 삼성 그리고 성향이 비슷한 네이버의 과거 사례를 통해 초기 주가 하락을 점치는 쪽에 무게가 실렸다. 그러나 액면분할 당일 카카오의 주가는 장중 최고가가 132,500원(분할 전 662,500원)까지 오르면서 큰 기대를 받았다. 하지만 종가는 120,500원으로 7% 상승에 그쳤다.

액면분할 후 카카오의 주가는 회사가 의도한 대로 형성되어 가고 있다고 판단된다. 거래량, 거래금액 그리고 주가의 변동도 훨씬 많아졌다. 특히 일반 투자자들의 거래가 대폭 증가한 것은 고무적이라 할 수 있다.

카카오의 액면분할은 부정적인 측면보다 긍정적인 측면이 훨씬 크게 부각되고 있다. 그리고 액면분할의 장점이 카카오가 가지고 있는 다양한 호재와 맞물려 앞으로도 주가 상승을 이끌 것으로 보인다.

과거 50년간 대한민국의 대표 주식이 삼성전자였다면, 미래 50년은 카카오가 그 자리를 대신하지 않을까 가만히 예상해 본다. 그런 의미에서 필자는 조정이 있을 때마다 계속 매수관점에서 카카오를 바라보고 있다.

【아내 몰래 비상금 3억 모으기】는

큰 세상으로 향하는 카카오를 통해

꿈을 현실로 만든 결과이다.

-과거 50년은 삼성, 미래 50년은 황금알을 품은 카카오의 세상-

위기의 증시, 특급투수는 동학개미

| 직구와 변화구로 무장한 구원투수

흔히 개미란, 증권 시장에서 개인 거래자를 지칭할 때 쓰는 단어다. 거래대금이 적을 뿐만 아니라 증시에 미치는 영향이 미미해 개미군단—생존을 위해 줄을 지어 이동하는 개미떼—을 떠올리게 한다는 것이다. 따라서 외국인과 기관의 거대한 힘에 휩쓸리는 주식 거래 약자로서의 의미로 '개미'라 부른다.

이러한 개미는 연금과 기금의 연기금, 일반 투자회사들로 이루어진 기관, 외국의 기관이나 개인을 통틀어 이르는 외국투자자들에 비해 ① 불리한 정보력 ② 소액의 투자금 ③ 공매도 제도 등에서의 불공정성 ④ 거래 수수료, 세금 등의 거래 비용 등 여러 가지 불리한 여건에서 주식 거래를 해야만 한다. 그럼에도 불구하고 코로나19 상황에서 개미들은 실로 놀라운 힘을 보여준 바 있다.

코로나19는 기존 주식 시장의 질서에 많은 변화를 불러일으켰다. 전 세계적으로 팬데믹이 선언되자 발 빠른 외국인과 기관은 주식 시장에서 자금을 빼기 시작했다. 그러자 하락세에 하락세가 더해지면서 그야말로 대 폭락장이 연출됐다. 이런 어려운 상황에서 주식 시장의 특급 구원투수로 등장한 것이 바로 개인 투자자들이었다. 이들은 힘도 못 쓰던 과거의 나약한 모습이 아니라 다양한 지식이라는 무기로 무장한 현명한 투자자의 모습으로 나타났다.

결국 기관과 외국인이 빠지는 상황에서 하락세를 면치 못할 줄 알았던 코스피와 코스닥 지수가 상승세를 탔다. 고객 예탁금과 일일 평균 거래대금까지 늘어나기 시작했다. 고객 예탁금은 2019년 연말 27조 4천억 원이었던 것이 2020년 8월에는 54조 원, 2020년 연말에는 65조 6천억 원을 기록하면서 전년 대비 139%가 증가하는 기염을 토했다. 고객 예탁금의 증가는 시중에 유동성이 크다는 이야기다. 주식의 1일 평균 거래대금 역시 코로나19로 최저점을 기록했던 3월 겨우 18조 원이던 것이 4월에 21조, 6월 24조 그리고

8월에는 31조까지 올랐다. 그리고 2021년 1월 기준으로 월 평균 42조 원이 거래되면서 코로나19 이전보다 133% 증가한 수치를 기록했다.

외국인과 기관이 공포에 질려 도망칠 때 한국의 개인 투자자인 개미들이 오히려 주식 시장을 살려낸 것이었다. 고객 예탁금 및 평균 거래대금의 증가는 순전히 개미들이 봉기한 결과였다.

고객 예탁금 추이

연도	고객예탁금현황
17년말	26.5조원
18년말	24.6조원
19년말	27.4조원
20년 8월	54조원
20년말	65.6조원

1일 평균 거래대금

월	평균거래대금
20년 3월	18조원
4월	21조원
6월	24조원
8월	31조원
10월	21조원
12월	34조원
21년 1월	42조원
2월	32조원

(한국 증권 거래소 제공)

코로나19는 분명 위기였다. 경제는 돌지 않고 멈추었다. 공장, 구멍가게의 불빛도 사라지고 문을 닫는 초유의 사태로 이어졌다. 그러나 그 멈춤은 오래가지 않았다. 개미들이 버려진 먹거리를 옮기려고 용기 있게 나타난 것이다. 그 결과, 움직이지 않을 듯했던 먹거리가 개미들의 응집력으로 기적처럼 천천히 움직이기 시작했다.

먼저 비대면 관련 분야부터 움직였다. 이때부터 '언택트'라는 용어에 대한 이해도가 높아지기 시작했다. 그리고 코로나19를 이겨내야 하는 숙명을 안고 있던 바이러스 치료제가 움직였다. 앞다투어 백신과 치료제 개발에 전력을 다했다. 자동차가 시동을 걸었고 선박도 연기를 내뿜으며 바다를 가르기 시작했다.

그 중심에 옛날 동학운동을 주도했던 농민들, 즉 주식 시장의 농민인 개인 투자자들이 있었다. 우리는 그들을 '동학개미'라고 부른다. 그들은 더 이상 과거 증권 시장에서 힘없이 당하던 개미가 아니었다. 학습을 통해 새롭게 태어난 개미였다. 고통으로부터 이겨낼 맷집도 제법 키워서 주식 시장으로 출전했던 것이다.

개미들은 치고 빠지는 방법으로 주식이 올라 수익이 나면 바로 매도해 수익을 챙겼다. 주가가 하락하면 힘없이 당하지 않고 오히려 저가 매수 기회로 삼아 주가 상승을 견인했다. 오히려 기관과 외국인이 당하는 사례가 빈번하게 나타났다. 이제 더 이상 개미는 개미가 아니다. 어떠한 경우에도 물러서지 않는 황소가 되어 주식 시장과 한판 승부를 벌여 나가고 있다.

필자 역시 과거에는 증권 회사를 통해 투자를 하던 전형적인 개미였다. 지인의 추천을 받아 투자했다가 큰 낭패를 본 적도 있다. 하지만 코로나가 초래한 공포의 시장에서 과감하게 방식을 바꿔 직접 거래하는 편을 택했다. 종목에 대한 분석, 주식 시장의 흐름 등 주식에 대해 공부하고 투자할 만한 종목도 직접 선정했다. 정석대로 장기 투자에 초점을 맞추었다. 결과적으로 수익이 크게 늘었다. 아내 몰래 비상금 3억 모으기도 팬데믹 이후에 오히려 성공가도로 접어들었다. 같은 동학개미로서 함께 힘을 모아 주식 시장을 일으켜 세우는 데 한 축을 담당했던 것 같아 일종의 자부심까지 생겼다.

| 공모주 청약 시장을 달군 개미들의 자금

80조 9,017억 원. 2021년 5월에 이루어진 SK아이이테크놀로지 공모주 청약 증거금으로 몰린 자금의 액수이다. 그리고 이 자금 중 일부인 19조 원 정도는 주식 시장으로 다시 들어와 고객 예탁금이 한때 77.9조원으로 늘어나면서 사상 최고가를 갱신하기도 했다. 이처럼 시중엔 유동성 자금이 넘쳐흐르고 있다.

특히 최근 공모주 청약 시장이 뜨겁게 달궈졌다. 1년 사이에 제법 굵직한 공모주 청약이 몇 건 있었다. 시중의 자금이 청약 시장으로 몰리면서 청약 증거금 및 공모주 배정 경쟁률이 매번 새로운 기록들로 갱신됐던 것이다.

코로나19 상황에서 가장 먼저 공모주 청약을 한 곳은 2020년 3월에 상장한 SK바이오팜이었다. 당시 청약 증거금으로 31조 원이 몰려 주관 증권사 및 관련 기관을 놀라게 만들었다. 뒤를 이어 카카오게임즈는 청약 증거금만 59조, 경

최근 1년 주요 상장기업의 현황

쟁률이 1,547:1이라는 경이로운 기록을 남기기도 했다.

청약 증거금만 놓고 본다면 SK아이이테크놀로지가 단연 압도적이다. 몰린 자금만 총 81조 원으로 기본 배정이 없었다면 1주도 배정받기가 어려운 상황이었다.

공모주 청약 시장은 여유자금이 있는 일반 투자자들이 목돈으로 청약해 배정된 주식으로 단기간에 수익을 올리는 투자다. 주식 투자는 위험 자산인 데다 수익률을 높이기가 어려운 반면, 공모주 청약은 적은 노력으로 많게는 150%까지 수익률을 올릴 수 있어 많은 투자자들이 몰리고 있는 것이다. 최근 공모주 청약 시장에는 어린 학생들까지 뛰어들어 경쟁률을 높이고 있는데, 한 번은 친구 아들이 공모주 청약을 해 보고 싶다며 문의를 해 온 적도 있을 정도다. 필자 역시 단기간에 수익을 올릴 수 있는 공모주 청약에 관심을 가지는 것도 좋은 투자라고 생각한다.

| 외국인을 이긴 현명한 동학개미

19세기 말 동학농민운동에서 반봉건, 반외세를 외치며 봉기했던 것이 농민들이었다면, 최근 코로나19로 어려워진 주식 시장에서 기관과 외국인의 코를 납작하게 만든 것이 바로 동학개미였다. 한국 주식 시장의 독립을 외치며 분연히 일어나 한국 증시를 굳건히 지켜냈다 하여 이것을 동학농민운동에 빗대어 '동학개미운동'이라 칭하고 있다.

그렇다면 동학개미운동의 봉기 결과는 어땠을까? 매일경제에서 제공하는 자료를 보고 분석했더니 놀랍게도 다음과 같은 결과가 나타났다.

① 동학개미 순매수 금액: 12조 3,200억 원

2020년 3월 19일부터 6월 10일까지 외국인 투자자들이 한국 증시에서 매도한 금액이 12조 2,100억 원이다. 이 기간 동학개미들이 순매수한 금액은 12조 3,200억 원이다. 엄청난 매수세로 외국인들이 매도한 금액을 고스란히 받아준 셈이다. 외국인들로부터 한국 증시를 지켜냈다는 의미이기도 하다.

② 신규 계좌 개설: 303만 좌

새롭게 개설된 증권 계좌 수 역시 엄청나게 늘어난 것으로 분석되고 있다. 한 모바일 플랫폼 빅데이터 업체에 따르면 같은 기간(2020년 3월 19일~6월10일) 동안 증권사 모바일앱 신규 설치 횟수는 무려 300만 건 이상으로 추정된다고 한다.

③ 평균 수익률: 72.6%

주식 투자에서 제일 중요한 것은 수익률이다. 같은 기간 국내 시장에서 개인 투자자들이 순매수한 10개 종목의 평균 수익률을 따져 보면 동학개미들의 투자 수익률과 같다는 것을 알 수 있다. 10개 종목의 수익률이 평균 72.6%로 동일한 수치를 보였다. 동학개미들이 가장 많이 매수한 삼성전자는 26.43%, 세 번째로 많이 매수한 네이버는 67%, 여섯 번째로 많이 매수한 SK는 140.19%로 평균 수익률보다 2배 정도 높은 수익률을 기록했다.

이처럼 개인 투자자인 동학개미들은 과거와는 달리 현명하게 주식 시장을 주도해 나가고 있다. 동학개미는 더 이상 힘없는 개미가 아니라 외세를 몰아내고 한국 증시를 지켜낼 만큼 놀라운 힘을 보여주고 있다.

| 동학개미와 여성 투자자

최근 여성 투자자들이 부쩍 늘었다. 주변에서도 자칭 투자 전문가 또는 주식 트레이더Trader라며 꽤 자부심을 가지고 있는 여성들을 많이 볼 수 있다. 적어도 필자의 경우 여성분들의 주식 거래를 존중하고 트레이딩을 믿는 편이다.

① 모바일 주식 앱 신규 설치 1위는 40대 여성

2020년 3월 주가폭락 이후 개인 투자자의 대규모 신규 유입이 이루어진 것으로 나타났다. 당시 3월부터 6월 사이 3개월 동안 주식 앱을 신규로 설치한 사람은 그 이전 해보다 26배나 증가했다. 앱을 설치한 기기 수는 총 303만여 대에 달했다. 특히 코스피 지수가 1,457P까지 떨어지며 최저 수치를 기록했던 3월 19일에 신규 설치자 수가 가장 많았다고 전해진다.

연령대 및 성별로 분석해 보니 40대 여성이 14.5%로 가장 많았다. 그리고 30대 남성이 14.3%로 뒤를 이었다. 다음으로는 40대 남성 14.1%, 30대 여성 13.4%, 50대 여성 10.4%, 20대 남성 10.4% 순으로 나타났다. 주로 30~40대가 많았으나 특이하게 50대 여성의 비율도 10%가 넘게 나타났다. 주식 투자에 나이라는 경계가 무너지고 있으며 연령대에 상관없이 주식 하락을 오히려 투자의 기회라고 믿는 사람들이 많아진 것이다.

주요 증권사 앱 신규 설치자 구성
(안드로이드OS 2020년3월~5월 신규 설치기기 기준)

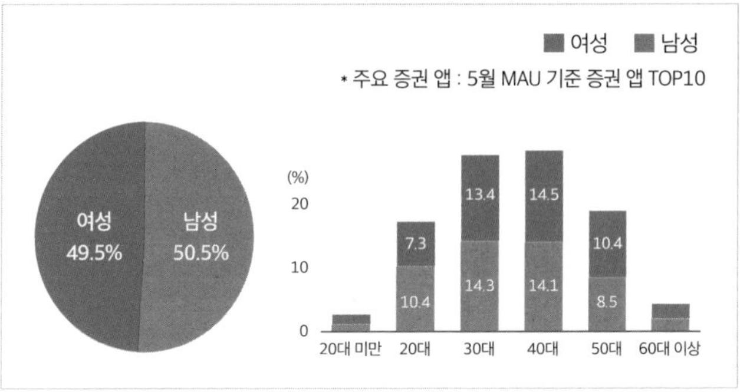

(자료 : 아이지에이웍스 제공 매일경제신문 참고)

② 남성보다 훨씬 높은 여성 투자자들의 투자 수익률

최근 자본시장연구원에서 특이한 보고서 하나를 내 놓았다. 보고서에 따르면 동학개미 열풍이 한창이던 2020년 3월부터 10월까지 신규로 계좌를 개설한 동학개미 22만 7천 명의 투자 수익률을 분석한 결과 여성 투자자들이 남성들에 비해 훨씬 높은 수익률을 올렸다는 것이다.

1억 이상의 거액을 투자한 여성 투자자들의 평균 수익률은 24.2%이다. 그에 비해 남성들의 수익률은 14.6%에 불과해 여성들이 남성들보다 훨씬 높은 수익률을 올리고 있는 것으로 나타났다. 3천만 원 이하 개인 투자자들의 수익률에

남녀 동학개미의 투자수익률

금액별	성별	수익률
1억 이상 거액투자자	여성	24.2%
	남성	14.4%
3천만 원 이하 투자자	여성	4.6%
	남성	-1.3%

자료제공: 자본시장연구원

서도 여성은 4.6%, 남성은 －1.3%로 여성의 수익률이 더 높은 것으로 나타났다.

이는 여성들이 주로 삼성, 카카오, 네이버, 현대자동차 등 대형 우량주에 투자했기 때문인 것으로 보인다. 그리고 거래에 수반되는 수수료나 거래 세금 등의 제비용으로 지출된 금액이 남성에 비해 적었던 것으로 나타났다. 이는 여성들이 대형 우량주를 장기 보유함으로써 단기 매매에 따른 거래 비용이 적었기 때문에 수익률 상승에 도움을 준 것으로 파악된다.

이에 비해 남성들은 중·소형주에 많이 투자한 것으로 나타났다. 또한 여성들에 비해 시장 변화에 감정적으로 휘둘리는 경향을 보였다. 뿐만 아니라 거래 빈도가 잦아지면서 거래 수수료가 많다는 것도 특징이다. 이는 남성들이 지나

치게 정보를 취하려는 성향으로 인해 유튜버나 기타 나쁜 정보들을 이용해 투자에 활용한다는 의미일 수 있다. 정보가 많을수록 매매하고자 하는 욕구가 강해져 잦은 거래로 거래 비용이 늘어났고, 결국 수익률에도 영향을 미친 것으로 풀이된다.

③ 감으로 투자하는 여성, 분석으로 투자하는 남성

주변을 살펴보면 부부의 주식 투자 패턴이 다르다는 것을 알 수 있다. 그리고 남편보다 아내 쪽이 높은 수익률을 올리는 경우가 많다. 그래서 최근 여성들의 높은 투자 수익률로 인해 기가 죽는 남편들도 많다고 한다.

전통적으로 여성은 감성적인 측면이 강하고 남성은 이성적인 측면이 강하게 나타난다. 따라서 투자를 하거나 의사 결정을 할 때, 여성은 여러 가지 분석이나 이성적인 측면을 고려하기보다는 자신의 감을 믿는 경우가 많다고 한다.

예를 들어 여성들은 카카오나 삼성전자라는 회사를 잘 몰라도 의외로 손쉽게 투자 결정을 내린다. 실적이나 회사의 규모를 본다면 누가 봐도 삼성전자를 선택할 것이다. 하지만 여성들의 경우 카카오톡에 익숙하고, 카카오 선물하기의 편리함도 경험했기 때문에 향후 성장 가능성만을 보고 카카오 주식을 매수하는 경향이 있다.

남자의 경우는 반대일 확률이 매우 높다. 1년 전에 카카오에 투자해야겠다고 생각한 남성들은 그리 많지 않았을 것이다. 먼저 두 회사의 매출액의 추이와 영업이익을 따져본 뒤, 당기순이익과 배당률을 계산한다. 그제서야 투자 결정을 내리게 되는 것이다. 성장 기업인 카카오의 매출액이나 당기순이익이 삼성에 한참이나 못 미치는 것을 확인했기 때문에 카카오보다는 삼성전자를 선택할 가능성이 높은 것이다.

삼성전자와 카카오의 주가 추이표

회사명	20.3.19 주가	21.4.30 주가	상승률	비고
삼성전자	42,950원	81,500원	90%	
카카오	134,000원	567,500원	324%	액면분할전

실제로 주변 투자자들을 보면 대부분 이 논리 그대로 투자하고 있다는 것을 확인할 수 있었다. 대부분 남성들은 삼성전자를, 여성들은 카카오나 네이버를 보유한 비율이 높았다. 삼성전자를 보유한 남성 투자자들에게 삼성전자에 투자한 이유를 물어보면 한국의 대표 주식이라는 점과 실적(매출액, 영업이익, 당기순이익, 배당률) 때문이라고 답했다. 반면,

여성들은 쉽게 접할 수 있고, 사업 범위가 확장되고 있다는 점 때문에 카카오를 선택했다고 답했다. 현재 카카오의 실적이나 재무 구조에 집중하기보다 카카오의 장래성에 더 중점을 둔 것이다. 결국 수익률 측면에서는 위의 표만 보더라도 여성들의 감성이 남성들의 이성을 234% 차이로 눌렀다는 것을 알 수 있다.

【아내 몰래 비상금 3억 모으기】는
위기의 증시에서 의협심 강한 동학운동에 참여한 결과다.
-직구와 변화구로 무장한 한국 증시의 특급 구원투수, 동학개미-

깍두기 교수의 주식 투자 원칙

원칙이 무너지면 자산도 사라진다

| 1원칙 : 단기 트레이딩 NO! 중·장기 투자를 하라

주식 투자에 있어서 기술적 분석, 차트 분석, 매매 타이밍 포착, 테마주 잡기 등은 주로 단기 투자나 트레이딩 관점에서 활용하는 기법이다. 장기 투자를 주로 하는 사람에게는 별로 어울리지 않는 주식 용어다. 기술적 분석이나 차트 분석만으로 성공적인 투자를 할 수 있는 것도 아니다. 만약 가능하다면 투자의 불공정 문제로 이어질 수 있다. 주식 투자는 오로지 시장 원리에 의해 공정하게 이루어져야 한다.

그렇다면 기술적 분석이나 차트 분석을 토대로 정확한 매매 타이밍에 투자를 했는데도 손실이 발생하는 이유는 어디에서 찾아야 할까?

짧은 소견으로는 전문가들이나 개인 투자자들이 주식 투자를 너무 단기적이고 트레이딩 관점에서 바라보기 때문이 아닌가 싶다.

물론 주식 시장에서는 단기 투자로 높은 수익을 올릴 수도, 장기 투자로 손실을 볼 수도 있다. 반드시 장기 투자를 해야 한다는 것도 정답은 아니다. 따라서 장기 투자와 단기 투자의 특성을 잘 파악한 다음 투자자의 투자 성향에 맞게 선택해야 한다. 참고로 아내 몰래 비상금 3억 모으기는 첫 시작부터 장기적인 플랜에 의해 이루어졌다.

① 단기 투자의 특성

단기 트레이딩은 주가가 상승할 때 매수해서 일정 손실 구간에 도달하면 손절하는 투자방법으로 당일에서 길게는 3개월까지의 기간으로 이루어지는 매매 거래이며 다른 표현으로 '단타'라고도 한다. 단기 투자는 투자 기간에 따라 당일에 매매를 완결하는 데이 트레이딩Day trading, 며칠 또는 몇 주 이상에 걸쳐 수익을 바라보고 투자하는 스윙 트레이딩Swing trading으로 나누어진다.

경제 전망이나 기업의 실적을 깊게 분석하지 않아도 투자가 가능하며 단기간에 수익을 낼 수 있다는 장점이 있다. 하지만 손실에 대한 위험이 크고, 항상 주식 시장을 주시하고 있어야 하며 거래 횟수가 늘어나는 만큼 수수료 부담이 증가한다는 단점도 지니고 있다.

②장기 투자의 특성

장기 투자는 1년부터 10년 이상 주식을 보유하는 것을 말하기도 하지만 변동성이 큰 주식 시장의 특성을 고려하면 1년 이상을 장기 투자로 보는 것이 타당하다고 본다.

장기 투자는 매일매일의 주가 변동에 일희일비하지 않는다. 주식에 매달리지 않으면서 여유 있는 투자가 가능하고 거래 횟수가 적어 수수료 측면에서도 유리한 부분이 있다. 반대로 가격 변동이 장기간에 걸쳐 진행되므로 그 사이에 어떤 이슈가 발생할지 몰라 안전성을 장담할 수 없고, 수익이 날 때까지 오래 기다려야 한다는 단점도 있다.

주식 투자에 정도正道는 있을 수 없지만 대부분의 전문가들이 중·장기적인 투자를 추천하는데, 좋은 주식이라면 장기간 동안 꾸준히 수익을 발생시키기 때문이다. 그러나 중요한 것은 주식 투자를 실행하기 전에 종목에 대한 충분한 검토와 분석을 통해 좋은 주식을 찾는 일이란 것을 절대 잊지 않아야 한다.

깍두기 교수의 주식 투자 1원칙은 단기 트레이딩을 하지 말라는 것이다. 가능하면 중·장기 투자를 하라. 최소 3개월 이상 중기 투자(총 주식투자금의 30% 이내)를 하거나 1년 이상 장기 투자(70% 이상)할 것을 권한다.

| 2원칙 : 우량주에 투자하라

주식 시장은 자산 손실의 위험이 존재하는 곳이다. 그래서 투자자는 어디에 투자해야 수익을 볼 수 있을지 고민해야만 한다. 이때 손실의 위험으로부터 자신의 자산을 지켜내고자 한다면 자신이 잡은 동아줄에 대한 믿음이 있어야 한다. 그 믿음을 채워줄 수 있는 것이 바로 1등 기업의 우량주다. 우량주에 투자하면 적어도 큰 손실은 보지 않는다. 우량주는 비교적 위험으로부터 보호가 잘 되고, 특히 초보 투자자라면 종목 분석에 대한 어려움이 있는데 따로 분석을 하지 않아도 믿고 투자할 수 있는 투자처라고 할 수 있기 때문이다.

대한민국 국민이 투자를 가장 많이 하고 가장 좋아하는 주식은 삼성전자로, 일일 거래량, 거래 금액, 시가 총액 등이 가장 큰 주식이라는 것을 누구나 알고 있다. 일반 투자자는 물론 초보 투자자라 하더라도 힘들게 분석하지 않고 투자를 쉽게 결정할 수 있다. 또한 투자로 인해 실패할 확률이 낮아 손실로 이어질 가능성도 적기 때문에 일반 투자자들이 우량주를 선호하고 있다.

<우량주에 투자해야 하는 이유>

① 투자하기 매우 쉽다.

주식 투자는 다양한 분석을 통해 이루어진다. 그러나 우량주는 어렵게 재무 분석이나 경영 분석을 하지 않아도 관련 정보들을 손쉽게 구할 수 있으며 설령 기업에 대한 내용을 잘 모른다 하더라도 기본적으로 기업에 대한 신뢰가 있으므로 어렵지 않게 투자를 결정할 수 있다.

② 안정적인 수익을 제공해 준다.

주식 시장이 안정적이고 전반적인 하락세가 이어지지 않는다면 비교적 안정적인 수익을 보장하는 것이 바로 우량주다. 앞서 대표 우량주인 삼성전자의 2년 수익률이 19~21% 정도 되는 것을 확인한 바 있다.

③ 안정적인 장기 투자를 통해 큰 수익을 안겨준다.

주식 시장은 변동성이 크기 때문에 일희일비하는 경우가 많다. 그러나 우량주의 경우 주가의 변동성이 큰 폭으로 이루어지지 않고 비교적 안정적이다. 따라서 매일 주가의 등락 상황을 지켜보지 않아도 결국 큰 수익으로 이어진다.

④ 주가의 회복 속도가 일반 주식에 비해 빠르다.

주식 시장은 반드시 조정장이 있다. 큰 폭으로 계속 오르는 경우는 거의 없다. 일정폭이 오르고 나면 조정 받고 또 올라가기를 반복한다. 우량주는 조정장에서 비교적 큰 폭으로 하락하더라도 회복기가 오면 다른 주식에 비해 회복 속도가 빠르다는 특징을 가지고 있다.

⑤ 기업이 망할 가능성이 매우 낮고 주가가 크게 흔들리지 않는다.

주식 시장은 매매 대상자가 나타나지 않으면 상장 폐지된다. 그러나 1등 기업은 망할 가능성이 거의 없고, 시장 상황이 불안해도 주가가 크게 흔들림 없이 안정적이다.

깍두기 교수의 주식 투자 2원칙은 우량주에 투자하라는 것이다. 주식 시장은 흔들림 속에서 성장하게 되어 있다. 그러나 흔들림이 클수록 기업은 위험하고 주식 가격의 변동폭도 커진다. 비교적 흔들리지 않고 안정된 환경 속에서 수익을 얻고 싶다면 우량주에 투자하기를 권한다.

| 3원칙 : 적금처럼 꾸준히 투자하라

기독교인들의 십일조가 이해하기 어렵다는 분들이 많다. 비신도의 입장에서 보면 수입의 10%를 십일조로 교회에 헌납한다는 것이 이해되지 않는 게 당연하다. 그러나 교인들은 그 일을 당연하게 받아들인다. 10%의 헌금은 예수님의 은혜에 힘입어 그 이상으로 돌아온다고 믿기 때문이다.

장기 투자를 권하는 전문가들이나 필자 역시 기독교의 십일조처럼 월급의 10% 이상을 주식에 투자하라고 권한다. 헌금과 주식 투자를 비교하는 것 자체가 어려운 일이지만 수입의 10%라는 금액이 지니는 의미는 같지 않을까? 하지만 미래에 나타날 결과는 분명히 다를 것이라 생각한다. 어떤 부분이 유리할지 판단하는 것은 독자들의 몫이다.

① 수입의 일부는 주식 투자

수입의 10%를 투자하라는 의미는 무조건 10%를 떼어 주식 투자를 하라는 의미가 아니다. 수입의 일부를 투자하라는 뜻이다. 10%라는 숫자에 매달리면 투자라기보단 부담으로 작용할 가능성이 있다. 필자의 경우, 앞에서도 밝혔지만 급여는 고스란히 통장으로 입금되는 상황이라 10%를 따로 떼어 주식에 투자할 수 있는 상황은 아니었다. 직장생활 중 부수입이 발생할 상황을 만들어 놓은 것이 급여의 10%가 되는 금액 그 이상을 투자할 수 있게 했다.

중요한 것은 금액이나 비율의 문제가 아니라 지속성의 여부다. 매월 꾸준히 반복되는 투자가 모여 결국 기적같은 일을 만들어 낼 수 있다.

② 투자로 발생하는 배당금 재투자

정확하진 않지만 200주 정도의 S통신 주식을 4~5년 정도 보유한 적이 있다. S통신주는 평상시 주가의 변동은 그리 크지 않아 일 년 동안 거의 같은 자리에 머물러 있었다. 따라서 주가 하락에서 오는 투자손실도 없었고 그렇다고 수익이 크게 발생하는 것도 아니었다.

그런데도 오랫동안 S통신 주식을 보유하고 있었던 것은 배당금의 영향이 컸다고 해도 과언이 아닐 것이다. 그 종목의 배당금이 액수가 제법 컸기 때문에 1년에 주당 1만 원 이상이 입금되곤 했다. 200주 정도였으니 매년 250만 원 정도가 입금되었다. 그리고 배당금을 받으면 S통신 주식에 재투자했다. 5년 정도 경과했을 때는 주식 투자로 인한 수익보다 배당금 재투자로 인해 발생하는 수익이 더 괜찮았다.

깍두기 교수의 주식 투자 3원칙은 주식 투자는 적금처럼 꾸준하게 하라는 것이다. 적금을 매월 불입하는 것은 어려운 일이다. 그러나 주식 투자를 매월 적금처럼 투자하는 일은 더 어렵고 극심한 고통이 따른다. 그것을 참고 꾸준히 투자하는 사람은 반드시 성공에 이르게 될 것이다.

| 4원칙 : 스타일에 맞는 맞춤형 포트폴리오를 구성하라

주식 투자에서 포트폴리오portfolio는 다수의 종목에 분산 투자를 함으로써 리스크RISK를 최소화하고 투자 수익을 극대화시키기 위한 것이다. 따라서 포트폴리오를 구성하는 것은 주식 투자에서 매우 중요한 일이라 할 수 있다. 포트폴리오는 다음의 기준에 따라 본인의 스타일에 맞게 선택하는 것이 최선이다.

① 투자자의 개인적인 상황

포트폴리오의 구성에 있어 정답은 없다. 개인의 투자 성향, 나이, 결혼 여부, 자산의 보유 정도에 따라 달라질 수 있다. 비교적 젊고 투자 성향이 공격적이라면 리스크 부담이 있더라도 성장성과 수익성이 좋은 종목으로 선택하고, 은퇴를 앞두고 있으며 본인의 성향이 보수적이라면 배당률이 높고 리스크 부담이 비교적 적은 안정적인 종목으로 구성하는 편이 유리하다. 나의 경우 투자를 처음 시작할 때부터 포트폴리오의 중심에 성장주가 있었고, 주로 세상의 흐름을 읽을 수 있는 종목에 투자하는 성향으로 보아 다소 공격적인 투자를 했던 것 같다.

② 포트폴리오의 구성 종목 수

종목 수의 문제도 매우 중요하다. 종목 수를 얼마나 가져갈 것인가 하는 문제 역시 개인의 성향에 따라 달라질 수 있다. 획일적으로 어떤 게 좋다고 답을 내릴 수는 없다.

장기 투자를 강조하는 투자 전문가 한 분은 "장기 투자일수록 종목 수가 많은 것이 유리하다"고 답했다. 다양한 종목에 분산해서 투자하면 그만큼 위험도 분산되어 투자 수익에 도움이 된다는 논리인 것이다.

하지만 필자의 경우 포트폴리오의 구성을 단순화하여 운영하는 것을 원칙으로 하고 있다. 현재는 포트폴리오를 7종목 이내로 구성했지만 과거에는 5종목 이내가 원칙이었다. 최근에 와서 7종목으로 늘렸는데 과거 '차화정'이 투자 시장의 주도주로 자리 잡고 있을 때 자동차 1, 화학 1, 정유 1, 삼성전자 1, 기타 1해서 5종목으로 단순화했다가 최근 BBIG7이 투자시장의 주도주로 등장하면서 7주로 늘리게 된 것이다.

포트폴리오를 구성할 때 다음과 같은 사항들을 고려하는 것도 좋다.

<포트폴리오 구성 시 고려사항>

① 투자 자산의 적절한 배분이 이루어져야 한다.

주식 시장에서 가치주와 성장주의 투자 문제는 언제나 논쟁의 대상이 된다. 성장주에 치우치면 큰 손실이 발생할 수 있다. 반대로 가치주에 치우치면 고수익 상황에서 자신만 소외되는 듯한 느낌을 받을 수 있다. 따라서 가치주와 성장주에 대한 적절한 배분이 이루어져야 한다.

② 주식 시장에서 주도주를 찾아야 한다.

주도주는 시장을 주도해 나가는 주식으로 수익과 직결된다. 따라서 고수익을 창출하려면 현재 주식 시장을 움직이는 가장 대표적인 주식을 중심으로 포트폴리오를 구성하는 것이 좋다.

③ 투자 기간과 목표 수익률을 정해 놓아야 한다.

주식 시장에서 투자 기간을 정하는 것은 매우 중요하다. 즉, '단기 트레이딩으로 짧은 시간에 수익을 실현할 것이냐?', '중·장기적으로 자산을 운용해 높은 수익을 올릴 것이냐?'하는 문제다. 단기로 투자하는 트레이딩은 낮은 수익률로 만족해야 하는 경우가 많다. 반대로 중·장기 투자는 고수익을 목표로 하는 경우가 많다. 포트폴리오를 만들 때는 이러한 기간의 문제도 고려하는 것이 좋다.

그리고 투자 시 목표 수익률을 정하지 않으면 고수익을 실현시키는 것이 어렵다. 단기 투자의 경우는 비교적 낮은 목표 수익률로, 중.장기 투자의 경우는 높은 목표 수익률로 정하는 것이 좋다.

④ 포트폴리오의 리밸런싱도 정기적으로 고려해야 한다.

포트폴리오는 항상 수익성이 좋은 종목으로 이루어져 있어야 한다. 특히 주식 시장의 시세는 순환되기 때문에 수익이 실현된 종목은 조정에 들어가고, 손실이 난 종목은 다시 수익 구간으로 접어드는 것이 보통이다. 이러한 주식 시장의 흐름에 맞게 수익이 실현된 종목의 비율을 낮추고 손실이 난 종목의 수익률을 높이는 방식으로 투자의 균형을 다시 맞추는 것이 리밸런싱Rebalancing이다. 반드시 이런 작업을 거쳐야만 수익을 내는 좋은 포트폴리오를 구성할 수 있다.

깍두기 교수의 주식 투자 4원칙은 스타일에 맞는 맞춤형 포트폴리오를 구성하라는 것이다. 주식 시장에서 포트폴리오는 투자 수익과 직결된다. 그러므로 고수익을 올리기 위해서는 자신의 투자 성향이나 여러 가지 상황을 고려해 본인과 맞는 종목으로 포트폴리오를 구성하는 것이 중요하다.

| 5원칙 : 세상을 움직이는 미래형 주식을 찾아라

미국의 페이스북, 아마존, 애플, 넷플릭스, 구글 그리고 테슬라, 마이크로소프트는 소위 미국 주식 시장에서 말하는 FAANG와 MAGA 관련주이다. FAANGFacebook, Amazon, Apple, Netflix, Google와 MAGAMicrosoft, Amazon, Google, Apple는 미국 IT 산업을 주도하는 대표적인 성장주와 기술주로서 기술과 혁신을 바탕으로 세상을 바꾸어 나갈 주식이라고 보는 시선이 지배적이다.

얼마 전 애플이 한국의 완성차 업체와 제휴해 완전 자율주행 자동차의 생산을 목표로 비밀리에 협상한다는 소식이 들려오면서 현대자동차와 기아자동차의 주가가 많이 오른 적이 있다. 지금까지 자율 전기 자동차 시장의 문을 연 테슬라가 자율주행 자동차 시장의 선두주자였는데, 애플과 다른 완성차 회사들이 모두 전기 자동차와 자율주행 자동차 개발에 기업의 역량을 쏟아붓고 있는 것이다.

FAANG, MAGA 관련 기업들은 제 4차 산업혁명의 대명사격인 AI를 중심으로 자율주행 자동차와 로봇, 이동수단으로서의 드론 그리고 기업의 진화를 통해 변화와 혁신으로 새로운 세상을 열어가고자 하고 있다.

그런 측면에서 한국의 완성자동차 업체인 현대자동차는 수소 자동차와 전기 자동차에, 기아자동차는 자율주행 자동차에 역량을 집중하고 있는 만큼 두 기업의 주식은 포트폴리오에 담아 둘 만하다. 세상을 바꾸어 나갈 만한 기업으로 관심 종목에 포함시켜 두고 계속해서 흐름을 살펴봐야 할 종목이다.

깍두기 교수의 주식 투자 5원칙은 세상을 움직이는 미래형 주식을 찾으라는 것이다. 제 4차 산업혁명과 함께 세상은 빠른 속도로 진화하고 있다. 자율주행 자동차가 서울 도심을 누비고, 드론으로 사람을 이동시키는 세상 그리고 인터넷이 지배하는 세상에 귀를 기울여야 황금시장에서 원하는 결과를 얻을 수 있을 것이다.

| 6원칙 : 미국 주식에서 한국 주식을 봐라

투자할 만한 좋은 주식을 찾는 것은 흙 속에서 진주를 찾아내는 작업과 같이 어려운 일이다. 우리나라 증권 시장에 상장되어 있는 기업은 2천 곳 이상이지만 모든 기업이 상승세로 이어져 투자를 성공적으로 만들어 주지는 않기 때문이다. 즉, 고수익을 내면서 투자 목적을 달성하게 도와줄 주식은 몇 개 되지 않는다는 사실이다.

그러므로 투자를 결정하기 전 투자 종목에 대하여 상당한 주의를 기울이지 않으면 실패하기 쉽다. 따라서 필자의 경우에는 관심 종목을 찾는 데에 많은 시간을 투자하는 편이다. 그리고 그 관심 종목을 꽤 오랜 시간 지켜보며 주가 추이를 확인하는 습관을 가지고 있다. 관심 종목을 찾을 때 중요하게 생각하는 것이 바로 미국 증시를 참고하는 것이다.

미국 증시를 꼭 봐야 하는 이유는 한국 증시가 미국의 나스닥 시장과 매우 밀접한 관련이 있기 때문이다. 한국의 기술주들은 수출이 많은 부분을 차지하고 있어 미국 증시에 상당한 영향을 받는다. 따라서 매일 새벽에 ○○경제 TV로 글로벌 경제, 특히 미국의 다우 지수와 나스닥 시장의 마감 상황을 빠짐없이 챙겨 보는 게 좋다. 그렇게 몇 개월만 보면 세계 경제와 한국 경제의 흐름을 파악할 수 있다. 뿐만 아니라 한국 시장의 흐름까지 보이기 시작할 것이다.

① 아마존, 구글을 보면서 카카오를 샀다.

아마존은 과거 인터넷 서점이었다. 그러나 현재까지 인터넷으로 책을 파는 회사라고 보는 사람은 아무도 없다. AI 중심의 대형 기술주이면서 플랫폼 기업으로, 미국 나스닥에서 성장주의 대표주로 분류되고 있다.

구글GOOGLE은 플랫폼 기업의 대표주라 생각하기 쉽다. 그러나 플랫폼뿐만 아니라 현재는 자율주행 자동차에 많은 투자를 하며 성장주와 기술주로서 자리매김하고 있다. 최근 한국의 자동차 회사에 업무 제휴를 제의하기도 했었다.

카카오를 한국의 구글 같은 기업이라며 향후 한국을 대표하는 성장주가 될 것이라 추천해 주던 분이 있었다. 요즘 카카오라는 회사를 다양한 각도에서 분석해 보면 그 말대로 아마존이나 구글 못지않은 기업으로 성장하고 있음을 알 수 있다. 앞서 소개한 좋은 주식의 조건들을 많이 가지고 있는 종목임에 틀림없다. 필자는 아마존을 보며 카카오의 주식을 15만 원대 초반에 매수하기 시작해 주식 수를 계속 늘려 왔으며 현재도 지속적으로 추가 매매를 하고 있다.

② 테슬라를 보며 배터리 주식을 샀다.

일론 머스크Elon Musk는 전기 자동차업계의 대표 기업인 테슬라의 창업자이자 테슬라의 성장세에 따라 전 세계의 주목을 받고 있는 인물이기도 하다. 또한 비트코인으로 테슬라 자동차 매매가 가능하다는 발표를 하는가 하면 실제로 비트코인에 투자하면서 가상화폐 시장을 불붙게 만든 장본인으로도 주목받고 있다. 얼마 전 미국의 NBC방송 SNL Saturday night live에 출연한다는 소식에 이름도 없던 가상화폐가 폭등세를 보인 것만 봐도 그가 세계 경제에 미치는 영향은 실로 크다고 할 수 있다.

일론 머스크가 CEO로 있는 테슬라의 주가는 한국의 배터리와 2차 전지 관련 종목에 영향을 미치고 있다. 필자가 두 차례에 걸쳐 LG화학을 매매한 것도, 현재 SK이노베이션을 보유하고 있는 것도 테슬라의 지난해 주가를 참고한 것이다.

③ 화이자, 모더나를 보며 제약 바이오를 샀다.

코로나19가 발생한 후 최대 화두는 치료제와 백신의 개발이었다. 감염률이 과거의 어떤 바이러스와도 비교가 안 될 정도여서 하루 빨리 치료제와 백신을 개발하는 것이 관건이었던 것이다. 그런 상황에서 필자는 코로나19 이전에 이미 보유하고 있던 S바이오에서 치료제를 개발한다는 발표를 한 것을 보고 주식을 추가로 매입했다. 그러나 화이자와 여러 바이오 회사에서 백신 개발이 완료되어 접종을 시작한다는 소식은 악재 요인이 될 수 있었다. 또한 CEO가 현역에서 물러난다는 소식까지 접하게 되면서 바로 주식을 매도하여 200%에 가까운 수익을 올리기도 했다.

깍두기 교수의 주식 투자 6원칙은 미국 주식을 보고 한국 주식을 보라는 것이다. 성장주와 기술주 중심의 한국 시장은 미국의 영향을 받지 않을 수 없다. 따라서 시장의 흐름을 읽으려면 미국을 주시해야 한다.

| 7원칙 : 시시각각 주식 시세를 보지 마라

몇 년 전만 하더라도 증권 회사 지점마다 주식 시세를 한눈에 볼 수 있는 현황판이 설치되어 있었다. 영업점 현황판 앞에 모인 투자자들이 시세를 바라보며 일희일비하는 진풍경이 매일 연출되었다. 투자한 주식이 빨간색으로 변하면 날아갈 듯 환호성이 터져 나왔고, 파란색으로 변하면 바닥이 꺼질 듯한 탄식이 여기저기서 흘러나왔다. 그때는 주식 현황판을 바라보며 하루 종일 시간 보내는 사람이나 카지노에서 도박을 하는 사람이 다를 바 없다고 생각했다.

그 후 개인 PC나 노트북을 통해 증권사 사이트에 접속할 수 있게 되면서 투자자가 굳이 영업점을 방문하지 않더라도 실시간으로 주식 시세를 알 수 있게 되었다. 더 나아가 핸드폰이 스마트폰으로 바뀌면서 증권 앱만 다운로드하면 스마트 폰으로도 주식 시세를 알 수 있는 세상이 되었다. 버스나 전철에서, 회사 업무 중에, 여행지에서도 때와 장소를 가리지 않고 주식 시세를 확인할 수 있게 된 것이다.

투자자도 인간이기에 주식 시세에 대한 궁금증이 있을 수밖에 없다. 그러다 보니 자신이 투자한 주식의 주가가 상승세를 타고 있는지, 또 하락장이라면 얼마나 하락하는지를 시시각각 확인하게 되는 것이다. 그러나 기쁘거나 우울한 상황만 연출될 뿐 그 어떤 조치도 취할 수 없는 것이 현실이다. 대부분 매매 의도가 있어서 시세를 확인하는 게 아니라 습관적인 경우가 많기 때문이다.

물론 투자자가 주식 시세를 봐야 할 상황도 있다. 다음의 경우에는 시세를 관찰하면서 적절한 대응을 해야 한다.

① 목표 수익률 달성으로 주식을 매매하려는 시점

투자자는 누구나 투자 종목에 대한 목표 수익률을 정해 두고 있어야 하며 목표 수익률이 없는 투자는 하지 않는 편이 훨씬 낫다. 기간을 설정하고 기간 내에 목표 수익률에 도달했다면 주식 시세를 보고 가장 유리한 시점에 주식을 매도해야 수익률을 높일 수 있다. 그러나 대부분의 투자자는 목표 수익률이 달성되었는데도 매매를 하지 않는다. 오히려 목표 주가를 올려 더 큰 수익을 보기 위해 매매를 하지 않는 경우가 많다. 이런 경우 판단 착오로 손실이 발생할 가능성이 높다. 그런 상황에서는 시세를 잘 보고 가장 유리한 선택이 무엇인지 빠른 판단을 내려야 한다.

② 주식 시장이 급변하는 상황

주식 시장에서 주가에 영향을 미치는 요인은 종목 자체의 리스크보다 종목 외적으로 주식 시장 전체에 발생하는 리스크인 경우가 훨씬 많다. 과거 금융 위기와 최근의 코로나19 상황도 기업이나 종목의 문제가 아니라 주식 시장 전체에 닥친 악재였기 때문에 주가가 하락한 것이다. 이처럼 주가에 큰 영향을 주는 사건들은 그 전에 약간의 조짐이 보이기 시작한다. 그리고 가장 먼저 주식 시장에 영향을 미치며 주가에 선반영된다. 이런 상황에서는 주식 시세를 자주 보고 필요한 조치를 취하는 것이 자산을 지킬 수 있는 길이다.

깍두기 교수의 주식 투자 7원칙은 특별한 상황이 아니라면 시시각각 주식 시세를 보지 말라는 것이다. 주식 시세를 자주 보는 것은 도박꾼이 되는 것이나 마찬가지다. 주식 시세에 관심이 많은 사람은 마치 도박을 하듯이 초단기 투자를 하는 사람들이 대부분이다. 주식 투자는 도박이 아니라 여유를 가지고 자신의 자산을 늘려 가기 위한 투자임을 잊지 말아야 한다.

| 8원칙 : 추격(追擊)매수와 투매(投賣)는 가급적 하지 마라

주식 투자에서 가장 위험한 것은 계속 상승하고 있는 주식을 따라잡는 추격 매수와 갑자기 시장 상황이 변하여 급락하는 시장에서 공포로 인해 손해를 보더라도 주식을 매도하는 투매를 하는 경우다.

주식 투자를 하는 사람이라면 이런 경우를 수없이 직면했을 것이다. 시장 상황이 좋아지면 상승이 계속 이어져 전고점을 몇 번이나 돌파하면서 쉬지 않고 오르기만 할 것 같은 느낌을 받는다. 반대의 경우도 비슷하다. 하락장을 만나면 끝이 없는 하락이 이어져 탈출구가 없는 터널 속에 갇힐 것만 같은 느낌으로 자신의 자산 가치가 하락하는 것에 대한 극심한 공포에 사로잡히게 된다.

이런 상황에서 일반 투자자 특히 초보 투자자들의 탈출구가 바로 추격 매수 혹은 투매로 이어지는 것이다.

① 추격追擊매수

일반적으로 주가가 하락하는 경우보다는 상승하는 경우를 더 좋아하게 마련이다. 그런 이유로 주가가 계속 상승하고 있을 때 주식을 매수하는 것이 바로 추격 매수다. 예를 들어 1만 원이던 주가가 계속 상승해 11,000원, 12,000원, 13,000원까지 오른 상태라면 더 상승할 것 같은 느낌으로 상승하고 있는 종목을 매수하게 되는 것이다. 이러한 매수 형태를 '추격 매수'라고 한다. 추격 매수를 하는 이유는 다른 투자자들이 수익을 내고 있는 상황에서 자신만 소외될 것 같은 심리에서 출발한다고 보면 된다. 그러나 추격 매수로 인해 위험한 상황에 직면할 수 있으니 가급적 자제하는 것이 좋다. 반드시 추격 매수를 해야 할 상황이라면 각별한 주의를 기울여야만 한다.

그러나 추격 매수가 항상 나쁜 것은 아니다. 때에 따라서는 추격 매수를 해야 하는 상황이 발생하기도 한다. 주식 시장이 시시각각 변하고 있는 상황에서 매수를 고려하고 있던 종목이 시장을 이끌고 있는 유망주로서 상승하고 있는 경우라면 추격 매수를 하는 것도 좋은 선택이 될 수 있다. 유망주는 실적이 양호할 뿐만 아니라 성장 가능성도 매우 커 전고점을 자주 돌파하는 종목이기 때문이다. 앞서 소개한 카카오의 경우가 2년 넘게 전고점을 돌파하면서 계속 상승해 온 종목이다. 따라서 필자는 현재까지 조정을 받을 때마다 매수하는 전략으로 대처하고 있다.

② 투매投賣

투매의 개념은 손해를 보더라도 팔아버리는 매매의 형태다. 주가 하락이 예상될 때, 이로 인한 손실을 최소화하기 위해 보유 주식을 대량으로 매도하는 경우를 말한다. 2008년 금융 위기와 최근 코로나19 발생 등 돌발 악재가 생겼을 때마다 투자자들 사이에 극도의 공포감이 조성되면서 투매로 이어지는 현상이 발생했다.

이러한 투매 현상은 개인인 일반 투자자들에 의한 경우는 제한적이다. 기관이나 외국인에 의해 발생하는 경우가 대부분이다. 개인인 일반 투자자들은 기관이나 외국인들에 의해 휘둘리지 않도록 대처하는 것이 자신의 자산을 지키는 방법일 것이다.

<투매의 원인>

■ 로스컷(Loss cut)

자산운용사가 사용하는 자동 손절매 시스템으로 주가가 일정 비율 이하로 하락하면 자동으로 매도하도록 시스템이 되어 있다.

■ 공매도

주가 하락이 예상될 때 보유 종목의 주가가 하락하는 것에 배팅하는 투자 방법으로, 주가가 하락해야 더 큰 수익을 올릴 수 있어 공매도 세력은 주가 하락을 부추기게 된다.

■ 반대매매

개인인 일반 투자자들은 갑작스런 주가 하락이 오면 공포감에 의해 보유 주식을 자발적으로 매매해 버린다. 그러나 상황에 따라 비자발적인 투매도 발생하게 되는데 증권 회사에 의한 반대매매 때문이다.

위탁 증거금이나 대용 증권 부족으로 약속한 기간 내에 돈을 변제하지 못하면 증권 회사에서 강제로 주식을 매도하는 경우를 말한다.

이러한 원인들에 의해 시장 상황이 악화되어 투매 상황이 발생한다. 그러나 현명한 투자는 그러한 상황이 오더라도 역발상의 개념으로 오히려 저가 매수의 기회로 삼기도 한다. 기관의 투매에 동참하여 자신의 소중한 자산을 반토막내는 것보다 오히려 저가 매수로 수익을 낼 수 있다는 것을 기억하면 좋은 투자를 할 수 있을 것이다.

깍두기 교수의 주식 투자 8원칙은 추격 매수와 투매는 가급적 자제하라는 것이다. 주식 시장에서는 순식간에 자산의 감소가 발생한다. 상승하는 종목에 무조건 추격 매수를 한다면 이어지는 하락장에서 자산 감소를 막을 수 없을 것이다. 하락한다고 공포감에 보유 주식을 손절하는 순간 발생하는 자산 감소는 또 어떻게 막을 수 있으랴? 초조함과 공포감을 이겨내고 기다리다 보면 기회는 반드시 다시 찾아올 것이다.

| 9원칙 : 추천 종목, 받지도 주지도 마라

일명 '투자의 황제'라는 전문가가 추천해 주는 종목으로 주식 투자를 했다가 큰 손실을 본 직장 동료가 있었다. "황사가 심각한 봄철, 마스크 관련주에 집중 투자하면 큰 돈을 벌 수 있다"며 황사의 예측 경로, 집중 발생 시기, 통계 자료 등의 정보를 주며 지금 ○마스크에 투자해야 한다는 정보를 받았다는 것이었다. 지인은 '투자의 황제'가 제공해 주는 정보만 믿고, 당시만 해도 제법 큰 금액을 투자해 장밋빛 인생을 꿈꿨지만 결국 50% 이상의 손실을 보고 말았다고 했다.

주식 투자를 하면 수많은 추천 종목을 접하게 된다. 유튜버, 주식카페, SNS, 가족, 친구, 회사 동료 등 추천 경로도 매우 다양하다. 특히 최근에 유튜브를 검색하면 그럴 듯하게 종목을 추천하는 동영상이 많은데, 그걸 믿고 투자를 하는 경우도 많아졌다. 과연 이런 추천을 통한 투자가 성공할 확률은 어느 정도나 될까?

결과적으로 추천 종목으로 투자에 성공할 확률은 매우 낮다. 정보를 제공하는 사람이나 받는 사람 모두 좋은 마음으로 하는데 투자가 성공으로 이어질 확률은 왜 낮을까? 악성 투자자들의 작전 세력이 아닌 좋은 관계에서 이루어지는 추천 종목이 성공적인 투자로 이어질 확률이 낮은 이유는 다음과 같다.

① 매매 타이밍을 전혀 알 수 없다.

추천 종목에는 통상 목표 수익이나 매수 가격에 대한 정보가 담겨 있다. 그러나 추천해 주는 매수 가격과 시장 가격이 서로 다르다. 이미 주가가 상승해 있거나 하락해 있어 매수를 해야 할지 말아야 할지 고민되는 경우가 대부분이다. 이유는 주식의 매매 기준이 변하기 때문이다. 해당 기업에 갑자기 악재가 발생한다거나 상황이 변해 주가가 수시로 변하고 있다는 사실을 추천 받는 사람은 잘 모르는 경우가 많다. 매수 후 좋은 상황으로 바뀌었다면 다행이지만 반대의 상황이 발생하면 엄청난 손실로 이어진다.

② 추천 종목에는 장점만 있고 단점은 없다.

추천하면서 그 주식의 단점을 말해주는 추천인은 아무도 없다. 단점이 있는 종목은 추천할 이유가 없기 때문이다. 대부분은 장점만 제공해 준다. 추천 종목은 매수에만 초점이 맞춰져 있기 때문이다. 추천 받은 사람은 종목 검증을 해야 하지만 대부분은 그냥 믿고 투자하는 경우가 많다. 그러나 투자를 하고 나면 그때부터 종목의 단점들이 하나씩 나타나기 시작한다. 분기 실적이 갑자기 나빠졌다거나, 불량률이 급증해 반품이 빈번하게 발생한다거나, 수급 상황이 갑자기 악화되었다거나 등 다양한 악재들이 발생해 주가가 급락하는 상황으로 변하면서 결국 투자 손실로 이어지고 마는 것이다.

③ 추천 종목에 대한 분석이 이루어지지 않는다.

대부분의 투자는 종목에 대한 분석부터 시작된다. 해당 기업이 속해 있는 분야, 기업의 주력 사업, 신사업에 대한 투자 등 향후 성장 동력 그리고 사업 실적이나 CEO에 대한 정보 등 주요 내용을 면밀히 검토한 후 투자를 하는 것이 보통이다.

그러나 추천을 받으면 추천을 해 준 사람에 대한 믿음이 바탕에 깔려 있기 때문에 분석 단계를 건너뛰는 경우가 많다. 추천인에게서 장점만 듣기 때문에 '이렇게 좋은 주식이 있단 말이야?'라는 생각과 함께 추천 받은 종목의 주가가 지금 당장 오를 것만 같아 분석할 여유조차 없이 급하게 투자를 하게 되는 것이다. 이런 종목들은 투자 후 주가가 흔들리면 기다릴 여유도 없고 투자 심리가 급격히 흔들리게 되어 나쁜 판단을 하게 되어 있다. 그 결과는 투자 손실로 이어질 수밖에 없다.

④ 추천 종목은 투자에 대한 책임을 지지 않는다.

주식과 경제 전문 방송을 보고 있으면 이런 자막을 종종 보게 된다. "투자에 대한 책임은 본 방송이 지지 않으며 모든 책임은 투자자 본인에게 있습니다."라는 자막이다.

주식 전문 방송뿐만 아니라 유튜브 방송, 기타 추천 경로를 통해 소개되는 종목들은 그 결과가 의외로 나쁘게 나타나는 경우가 많다. 이유는 앞서 언급했지만 주식 시장의 상황이 수시로 변하기 때문이다. 아무리 결과가 나쁘게 나타난다 하더라도 손해 배상을 받을 수 없이 고스란히 투자자의 과실, 투자자의 손실로 남게 된다.

앞에서 좋은 주식과 나쁜 주식에 대해 설명해 두었으니 투자하기 전에 쉽고 간단하게 추천 종목을 분석해 보면 분명 도움이 되리라 믿는다.

깍두기 교수의 주식 투자 9원칙은 추천 종목은 받지도, 주지도 말라는 것이다. 추천 주식은 관심 종목이 될 수 있을지 몰라도 포트폴리오에 담기까지는 굉장히 많은 노력이 필요하다. 자기만의 철저한 분석을 통해 종목에 대한 확신이 들 때에만 투자로 이어져야 한다. 추천 종목은 잘 쓰면 약이 되지만 잘못 쓰면 독이 된다.

| 10원칙 : 테마주는 쳐다보지 마라

대한민국은 아직도 분단국가로 남은 세계 유일의 국가이다. 어느 날 북한에서 들려오는 총탄 소리에 대북경제협력 관련으로 분류된 종목들이 폭락하고 소위 방위산업 관련 주식들이 폭등하는 현상이 생길 수 있다. 반대로 한국정부가 중국 또는 북한과 교류한다는 소식이 전해지면 정반대의 현상이 나타나 투자자들을 당혹스럽게 만들 것이다. 이처럼 하나의 이슈에 따라 등락하는 종목을 ○○ 관련 테마주라고 한다.

테마주는 여러 가지 분야에서 발생하고 사라진다. 대통령을 뽑는 대선이나 국회의원, 지방자치단체장 선거철이 되면 관련된 인물을 따라 실체 없는 정치 관련 테마주가 움직이기 시작한다. 특정 기념일을 맞아 움직이는 주식이 있는 등 아주 다양한 이유로 주가의 급등락이 발생한다.

2020년 3월 코로나19 상황에서 등장한 테마주 중 하나가 마스크 관련주였다. 마스크 관련주는 황사가 심해지는 봄이 되면 투자자들을 괴롭히기도 하는 종목이다. 필자 역시 지난해 마스크 관련주에 도전했던 적이 있다. 전 세계적으로 극심한 마스크 부족 현상이 발생하는 것을 보고 한 번쯤 도전해 볼만하다고 생각했으나 역시 테마주였다. 마스크 수출길이 열리고 매출액이 급증하자 생산업체들이 생산량을 늘리기 시작했다. 일시적으로 부족했던 마스크가 눈 깜빡할 사이에 공급 과잉으로 이어질 수 있다는 사실을 간과한 것이다. 30%까지 수익이 발생했을 때 매도를 하지 못해 기회를 놓치고 말았다. 다행히 발 빠른 대응으로 손실로 이어지지는 않았으나 자칫 손실로 이어질 가능성이 컸던 데다가 어쩌면 지금까지 빠져나오지 못했을 수도 있다. 그때 매매했던 W마스크의 현재 주가는 매입 당시와 비교했을 때 반토막이 된 상태다. 손실 없이 적절한 기회에 매도한 것을 그나마 기분 좋게 생각하고 있다.

현재 기승을 부리고 있는 코로나19와 관련된 제약 바이오 등도 향후에 테마주로 진행될 가능성이 짙다. 얼마 전에 200% 이상의 수익을 내고 매도했던 S바이오도 코로나19 상황이 끝나면 주가가 하락할 것이라 예상했기 때문에 매도를 결정한 것이다.

<테마주가 어려운 이유>

① 해당 테마주의 모멘텀이 언제까지 이어질지 알 수 없다.

② 매매 타이밍 잡기가 어렵고 타이밍을 놓치면 손실이 크다.

③ 테마주는 대부분 실적이 나빠 상황이 종료되면 주가 회복이 안 된다.

④ 정확한 정보 없이 '묻지 마' 투자로 이어질 수 있다.

⑤ 테마주는 주가를 조작하는 세력이 뒤에 숨어 있을 가능성이 크다.

깍두기 교수의 주식 투자 10원칙은 테마주는 쳐다보지 말라는 것이다. 테마주는 거의 세력들에 의해 일반 투자자들을 어려움으로 몰고 가는 경우가 많다. 테마의 이슈가 사라지면 투자자는 손실 속에서 헤매야 할 가능성이 크다. 천금 같은 자산을 날리고 싶으면 테마주로 뛰어 들어도 괜찮다.

【아내 몰래 비상금 3억 모으기】는
10가지 투자 원칙을 철저히 지키며 투자를 한 결과물이다.
-원칙을 지키지 않는 주식 투자는 금방 사라져 버릴 모래위의 성-

은퇴 그 후,
가슴 설레는 삶을 위하여

(아름다운 은퇴 그리고 아내로부터 경제적 독립을 이루는 꿈)

은퇴를 앞두고 임원으로 임용되는 친구들이 부러웠다. 함께 입사한 동기 100명 중에 임원이 되는 사람은 겨우 한두 명이었다. 비율은 1~2%에 지나지 않았다. 다들 그 목표 하나로 청춘을 불태워서 회사에 충성을 다하는 것이다. 대부분의 입사 동기들은 회사를 떠나지만 임용이 이루어지면 2년 정도 회사를 위해 봉사할 기회를 얻는다. 은퇴의 보상으로 주는 명예 퇴직금을 받진 않지만 대신 회사로부터 고액의 급여와 운전기사가 딸린 세단 승용차로 보상을 받는다. 물론 임용된 동기들이 부럽긴 했지만 그렇다고 후회하지는 않는다. 내 나름대로 회사에서 28년간 최선을 다했고, 그 능력이 절대 뒤지지 않는다는 생각 때문이다. 그리고 아내 몰래 비상금 3억 모으기를 성공적으로 이뤄냈기 때문인지 마음에 여유가 생긴 것이다.

선배들을 보면 은퇴 후의 생활이 거의 비슷했다. 퇴직 후 10개월 정도는 고용노동부에서 주는 실업수당으로 용돈 정도는 받았다. 퇴직금을 아내에게 바쳤으니 1일 6만원 남짓 나오는 실업수당 정도는 용돈으로 사용해도 괜찮다는 허락을 아내들로부터 겸허히 받았다고 좋아했다. 그리고 그동안 회사와 가정을 위해 열심히 일했으니 휴식도 보장받고 있었다.

같이 은퇴한 친구 중에는 아내와 함께 해외여행을 떠나는 이들도 있었다. 부러웠다. 그러나 해외여행을 함께 떠나는 친구의 아내도 친구처럼 진실로 즐거웠을지 한번쯤 생각해 볼 일이다. 한 은퇴 전문가가 조사한 바에 의하면 은퇴하는 남자들의 버킷리스트에 대부분 아내와의 해외여행 항목이 있었다고 한다. 그러나 아내들의 버킷리스트엔 남편과 떠나는 해외여행은 들어있지 않은 것으로 조사되었다. 얼마나 슬픈 현실인가?

아내 몰래 비상금 3억 모으기 프로젝트의 시작은 거창하지 않았다. 궁색하지 않은 아름다운 은퇴가 목적이었다. 선배들이 사모님들로부터 매일 용돈을 받아서 하루하루를 연명하는 모습이 안타까웠다. 커피 값으로 1만 원, 점심식사비 1만 원, 때로는 스크린골프 비용 2만 원, 그것도 자주하면 눈치가 많이 보인다고 하소연하는 모습이 왠지 모르게 슬퍼 보였다. 적어도 그렇게는 하지 말자. 가능하면 은퇴한 후에도 아내에게 기분 좋게 용돈을 줄 수 있는 남편, 아이들에게 손 벌리지 않고 가끔은 큰소리치며 용돈을 줄 수 있는 아버지가 되고 싶은 마음으로 시작했다.

얼마 전 아내에게 생활비를 제외하고 한 달에 100만 원씩 용돈을 주겠다고 선언했더니 아내가 많이 놀라는 눈치였다. 매일 용돈을 받아 간다는 주변의 은퇴자들과는 달리 용돈을 준다고 하니까 이상할 수밖에 없었을 것이다. 그래도 폼 나고 어깨에 힘이 들어갔다. 앞으로도 계속 아내를 위해 용돈을 줄 생각이다.

다들 은퇴를 하면 그동안 즐겨 쳤던 골프를 제일 먼저 끊는다고 한다. 골프를 한 번 다녀오면 비용이 만만치 않다는 것은 다 알고 있는 사실이다. 은퇴를 했는데도 골프백을 메고 나가면 한두 번은 그런대로 눈감아 줄지 몰라도 그런 일이 지속되면 아내들이 가만히 있질 않는다. 나 역시 은퇴한 후에 아내의 눈치를 받을 때면 언제나 초청을 받은 것이라 어쩔 수 없다고 아내를 속였다. 실제로 후배들의 초청도 가끔은 있긴 했지만 초청하는 사람도 어느 정도의 한계가 있는 법이다. 하지만 앞으로도 아내에게는 같은 거짓말을 하고 골프를 즐길 생각이다.

아직 책이 나오기 전이지만 카톡 프로필에 〈아내 몰래 비상금 3억 모으기 : 치열한 재테크= 아름다운 은퇴 + 경제적 독립〉이라는 문구를 써 두었다. 관심 있는 사람들이 "대체 무슨 의미냐?"며 궁금해 하며 물어 왔다. 책 출판을 준비 중이라고 했더니 "출판하면 꼭 사겠다. 우리 남편은 지금껏 뭘 했는지 모르겠다. 남편에게 선물하고 싶다"고 했다. 갑자기 출판이 두려워졌다. 세상의 남편들로부터 원망을 사면 어떻게 해야 하나?

하지만 모두가 공감하고, 모두가 도전하고 싶을 프로젝트임을 잘 안다. 은퇴를 하면 제일 두려운 것이 수입이 사라진다는 것이다. 현역일 때는 매월 들어오는 월급이 모든 것을 해결해 준다. 모자라면 보너스가 있으니 든든하게 마이너스 통장으로 차입해서 쓸 수 있다. 그러나 수입이 사라진다는 의미는 차입금을 늘릴 수 없을 뿐만 아니라 있다 하더라도 다음이 문제가 될 수 있어 조심스러워진다.

은퇴 후 아내도 모르는 비상금 3억을 가지고 있으면 여러 가지 일들이 벌어진다. 조건에 맞추어 놓으면—포트폴리오를 잘 구성하고, 좋은 주식Good stock을 보유하는 것—굳이 사람이 일을 하지 않아도 주식 시장의 우상향 원리로 인해 자산은 계속 증가하는 시스템이 된다. 자산이 일을 하는 시스템이 되는 것이다. 이것이 깍두기 교수가 생각한 아내 몰래 비상금 3억 모으기의 궁극적인 목표이기도 했다.

이 책을 보는 독자들에게 아내 몰래 비상금 3억 모으기 프로젝트를 하루라도 빨리 실천하라고 권하고 싶다. 학생들에게도 틈틈이 재테크의 중요성을 가르치기 시작했다. 용돈이 생기면 화장품을 사거나 친구들과 맛집을 가는 대신 좋은 주식을 찾아보라고 말한다. 한 주라도 좋으니 주식 투자를 반드시 해 보라고 권한다. 그리고 직장인들을 대상으로 강의를 가면 신입사원들과 젊은 직원들에게 반드시 월급의 일부로 주식을 사 모으라고 이야기한다. 직장생활을 하는 사람이라면 누구라도 하루 빨리 시작하길 바란다.

시작하면 반드시 성공하도록 설계된 것이 깍두기 교수의 DREAM MAP이다. 이미 시도를 해서 많은 성공을 해봤기 때문에 그 길을 가르쳐 주고 싶다. 시작이 힘들고 또 중간 중간에 무너지기 쉬운 위험 구간이 있을 수도 있다. 하지만 포기하지 않으면 반드시 이루어진다는 것을 말씀드리고 싶다.

이 책을 읽는 모든 독자들이 깍두기 교수의 아내 몰래 비상금 3억 모으기를 넘어 더 큰 꿈을 이룰 수 있길 진심으로 바라며 이 책을 마친다.

아내
몰래
비상금 3억
모으기

1쇄 발행 2021년 11월 11일
2쇄 발행 2021년 11월 19일

지은이 문석근
펴낸이 송준기

책임편집 최보문
편 집 윤소연, 양지원

마케팅 총괄 임동건
마케팅 황예지, 신원기, 박주현, 이혜연, 김미나, 이현아, 안보라
경영지원 이순미
펴낸곳 파지트
디자인 롬디
제작지원 플랜비디자인

출판등록 2021-000049 호

주 소 경기도 화성시 동탄원천로 354-28
전 화 031-8050-0508
팩 스 02-2179-8994
이메일 pazit.book@gmail.com

ISBN 979-11-976316-0-3 03320